Taschenwortschatz
Italienisch

von
Gunter H. Klemm
und
Luciana Feinler-Torriani

Ernst Klett Verlag
Stuttgart Düsseldorf Leipzig

Taschenwortschatz Italienisch

von
Gunter H. Klemm
und
Luciana Feinler-Torriani

Die Deutsche Bibliothek – CIP-Einheitsaufnahme

Ein Titeldatensatz dieser Publikation ist bei der
Deutschen Bibliothek erhältlich.

1. Auflage 2003
© Ernst Klett Verlag GmbH, Stuttgart 2003

Alle Rechte vorbehalten

Internet: www.pons.de
E-Mail: info@pons.de

Redaktion: Thomas Eilrich
Umschlaggestaltung: Ilona Arfaoui, Stuttgart
Logoentwurf: Erwin Poell, Heidelberg
Satz: Fotosatz Kaufmann, Stuttgart
Druck: Clausen & Bosse, Leck
Printed in Germany

ISBN 3-12-519635-3

Inhalt

Vorwort

Sinn und Zweck des Taschenwortschatzes

Ausgehend von der Neuauflage des *Thematischen Grund- und Aufbauwortschatzes Italienisch* (Klett-Nr. 519514) wollen wir mit dem vorliegenden Lernwortschatz eine „konzentrierte Version" anbieten, die speziell für diejenigen gedacht ist, denen am Erwerb von Grundkenntnissen oder einer gezielten Vokabelwiederholung gelegen ist.

Zielgruppen

Der *Taschenwortschatz Italienisch (TWI)* wendet sich daher vor allem an Schülerinnen und Schüler, die Italienisch als 3. Fremdsprache, Arbeitsgemeinschaft oder Grundkurs gewählt haben sowie an die Besucherinnen und Besucher von Italienisch-Kursen der Volkshochschulen, der Dante-Alighieri-Gesellschaft oder ähnlicher Bildungseinrichtungen. Auch wer im Selbststudium Italienisch lernt oder sich auf einen Ferienaufenthalt in Italien vorbereitet, wird mit dem *TWI* erfolgreich arbeiten können.

Aufbau und Gestaltung

Im Vergleich zum *Thematischen Grund- und Aufbauwortschatz Italienisch*, der sich bereits an dem Vokabular der aktuellen Lehrbücher und dem derzeitigen VHS-Wortschatz orientiert, konnte der vorliegende *TWI* nochmals aktualisiert werden.
Das Layout garantiert eine problemlose Orientierung:

▶ Die ca. 5000 **Haupteinträge**, die in blauem Druck erscheinen, werden durch etwa 1200 schwarz gehaltene **Untereinträge** ergänzt, die idiomatische Besonderheiten und typische grammatische Kollokationen beinhalten.

▶ Das Prinzip der **Wortbündel**, die durch blaue Linien getrennt sind, soll den Lernstoff sinnvoll gliedern und begrenzen; es wird empfohlen, das Pensum auf maximal 2 Wortbündel pro Tag zu beschränken.

▶ Besonderheiten bei **Aussprache** und **Betonung** werden durch gezielte Standardsymbole hervorgehoben.

▶ Abweichungen von der Standardsprache werden durch entsprechende Zusätze nach dem jeweiligen Eintrag gekennzeichnet, **umgangssprachliche Redewendungen** z. B. durch *fam.*

▶ Das **handliche Format**, das nicht zufällig dem bewährten Vokabelheft entspricht, soll eine bequeme Nutzung zusätzlich fördern.

Lernen mit dem TWI

Die semantische Gliederung der Vokabeln in Wortbündel erlaubt ein inhaltlich vernetztes Lernen und erleichtert dabei gleichzeitig das langfristige Einprägen der Wörter.

Es ist nicht notwendig, die insgesamt 24 **Großthemen** und 97 **Unterkapitel** in der vorgegebenen Reihenfolge durchzuarbeiten; sie bauen nicht im didaktischen Sinne aufeinander auf, sondern können je nach Bedarf oder Interessenlage ausgewählt und durchgenommen werden.

Gunter Klemm

Übersicht über die verwendeten Abkürzungen

agg	aggettivo	Adjektiv, Eigenschaftswort
amm	amministrazione, linguaggio burocratico	Amtssprache
avv	avverbio	Adverb, Umstandswort
f	femminile	feminin, weiblich
fam	familiare	umgangssprachlich
inv	invariabile	unveränderlich
loc	locuzione	Redensart, Wendung
m	maschile	maskulin, männlich
pl	plurale	Plural, Mehrzahl
prov	proverbio	Sprichwort
qc	qualcosa	etwas
qu	qualcuno	jemand

Hinweise zur Aussprache

Betonung

Bei der Betonung gehen wir davon aus, dass diese in der Regel auf der **vorletzten Silbe** liegt (z. B. *padrone*). Im Falle einer Abweichung haben wir bei den blauen Haupteinträgen die Betonung durch einen Punkt unter dem entsprechenden Vokal gekennzeichnet (z. B. *ạbile*). Diese Hilfe durch den Punkt wird auch dann gegeben, wenn die Betonung zwar auf dem zweitletzten Vokal liegt, dies aber für den Benutzer nicht sofort zu erkennen ist (z. B. *pulizịa, farmacịa*). Bei den Wörtern, die mit zwei Vokalen enden, ohne dass einer davon betont ist, zählen die zwei letzten Vokale als eine Silbe und es erfolgt keine Kennzeichnung (z. B. *doppio*). Ein Wort darf nur auf dem letzten Vokal betont werden, wenn dieser mit einem Akzent versehen ist (z. B. *città*).

Vokale

Die betonten Vokale **e** und **o** werden entweder offen [ɛ], [ɔ] oder geschlossen [e], [o] ausgesprochen. Die offene bzw. geschlossene Aussprache dieser Vokale unterscheidet sich regional und spielt für den Nichtmuttersprachler kaum eine Rolle.

Konsonanten

c [tʃ]	**c**entro; **c**inque	*c* vor *e* oder *i*; vor allen anderen Buchstaben lautet die Aussprache [k].
ch [k]	**chi**amarsi	
g [dʒ]	**G**ermania; **g**irare	*g* vor *e* oder *i*
gl [ʎ]	mo**gli**e	*gl* vor *i* im Wortinnern; am Wortanfang wird *gli…* [gli…] gesprochen, z. B. *la glicerina* [glitʃeˈriːna]; Ausnahme ist der Artikel *gli* [ʎi].
gn [ɲ]	si**gn**ora	
In allen anderen Lautverbindungen wird **g** [g] ausgesprochen.		
qu [ku]	**qu**esto; tran**qu**illo	
sc [ʃ]	cono**sc**ere; **sc**iocco	*sc* vor *e* oder *i*; vor anderen Buchstaben lautet die Aussprache [sk].
z [ts]; [dz]	ter**z**o; **z**ero	

Im vorliegenden Buch wird die phonetische Umschrift nur bei Fremdwörtern angegeben, die von obigen Ausspracheregeln abweichen.

Lautschrift

[a]	mamma		[m]	ramo
[aː]	pagare		[n]	no
[ã]	collant		[ɲ]	cognome
[b]	bambino		[o]	ponte
[d]	dove		[oː]	afoso
[dʒ]	giro, gioco		[ɔ]	rosa
[e]	stella		[ɔː]	gioco
[eː]	cadere		[p]	padre
[ɛ]	bene		[r]	rete
[ɛː]	beige		[s]	sano
[f]	afa		[ʃ]	scena
[g]	gola, unghia		[t]	tutto
[i]	vino		[u]	utile, uomo, guai
[iː]	finire		[uː]	chiusura
[j]	buio, piacere		[v]	bravo
[k]	cane, che		[z]	esame, svizzero
[l]	letto		[']	*Betonungszeichen*
[ʎ]	gli			

1. Angaben zur Person

1.1 Persönliche Daten

la **persona**	Person
chiamarsi	heißen
Mi chiamo Raffaele Gallo.	Ich heiße Raffaele Gallo.
il **cognome**	Familienname
il **nome**	Vorname
la **nazionalità**	Nationalität
la **confessione**	Konfession

l'**indirizzo**	Adresse
abitare	wohnen
il **numero di telefono**	Telefonnummer
Di dove sei?	Woher bist du?
nato, a	geboren

Quanti anni hai?	Wie alt bist du?
Ho 18 anni.	Ich bin 18 Jahre alt.
l'**età** *f*	Alter
all'età di 15 anni	mit 15 Jahren
maggiorenne	volljährig
minorenne	minderjährig
la **data di nascita**	Geburtsdatum
il **luogo di nascita**	Geburtsort
il **luogo di residenza**	Wohnort

la **carta d'identità**	Personalausweis
scadere	verfallen; ablaufen
il **passaporto**	Reisepass
la **patente**	Führerschein
il **documento**	Ausweis
i documenti (della macchina)	(Wagen-)Papiere
Un documento, per favore!	Ihren Ausweis bitte!
il **biglietto da visita**	Visitenkarte
personale	persönlich

il **sesso**	Geschlecht
di sesso femminile	weiblich
di sesso maschile	männlich
lo **stato civile**	Familienstand
celibe *m*, **nubile** *f*	ledig
solo, a	allein (stehend)
sposato, a	verheiratet
divorziato, a	geschieden
divorziare	sich scheiden lassen
il **divorzio**	Scheidung
il **vedovo**, la **vedova**	Witwer, Witwe

1.2 Nationalität, Sprache, Land

il **mondo**	Welt
il **paese**	Land
la **popolazione**	Bevölkerung
la **frontiera**	Grenze
il **confine**	Grenze
fermare qu/qc	jdn/etw. anhalten
Li hanno fermati al confine.	Sie wurden an der Grenze angehalten.
confinare con	angrenzen an

l'**estero**	Ausland
straniero, a	ausländisch, fremd
emigrare	auswandern
l'**emigrazione** f	Auswanderung, Emigration
l'**emigrato**, l'**emigrata**	Auswanderer, -in, Emigrant(in)
extracomunitario, a	nicht der EU angehörig

la **patria**	Heimat
la **bandiera**	Fahne
la **presenza**	Anwesenheit
l'**incontro**	Begegnung; Treffen
vivere	leben
il **linguaggio**	Sprache
il **dialetto**	Dialekt

l'**America**	Amerika
americano, a	amerikanisch; Amerikaner(in)
l'**Africa**	Afrika
africano, a	afrikanisch; Afrikaner(in)
l'**Europa**	Europa
europeo, a	europäisch; Europäer(in)
l'**Asia**	Asien
asiatico, a	asiatisch; Asiat(in)
l'**Australia**	Australien
australiano, a	australisch; Australier(in)
l'**Oceania**	Ozeanien

l'**Italia**	Italien
italiano, a	italienisch; Italiener(in)
la **Germania**	Deutschland
tedesco, a	deutsch; Deutsche(r)
la **Francia**	Frankreich
francese	französisch; Franzose, Französin
la **Spagna**	Spanien
spagnolo, a	spanisch; Spanier(in)
il **Portogallo**	Portugal
portoghese	portugiesisch; Portugiese, Portugiesin

la **Gran Bretagna**	Großbritannien
britannico	britisch; Brite, Britin
inglese	englisch; Engländer(in)
l'**Irlanda**	Irland
irlandese	irisch; Ire, Irin

il **Belgio**	Belgien
belga	belgisch; Belgier(in)
i **Paesi Bassi**	Niederlande
olandese	niederländisch; Niederländer(in)
il **Lussemburgo**	Luxemburg
lussemburghese	luxemburgisch; Luxemburger(in)

l'**Austria**	Österreich
austriaco, a	österreichisch; Österreicher(in)
la **Svizzera**	Schweiz
svizzero, a	schweizerisch; Schweizer(in)

la **Scandinavia**	Skandinavien
scandinavo, a	skandinavisch; Skandinavier(in)
la **Finlandia**	Finnland
finlandese	finnisch; Finne, Finnin
la **Danimarca**	Dänemark
danese	dänisch; Däne, Dänin
la **Svezia**	Schweden
svedese	schwedisch; Schwede, Schwedin
la **Norvegia**	Norwegen
norvegese	norwegisch; Norweger(in)

gli **Stati Uniti (d'America)**	Vereinigte Staaten (von Am.)
il **Canada**	Kanada
canadese	kanadisch; Kanadier(in)
il **Messico**	Mexico
messicano, a	mexikanisch; Mexikaner(in)
il **Brasile**	Brasilien
brasiliano, a	brasilianisch; Brasilianer(in)

la **Russia**	Russland
russo, a	russisch; Russe, Russin
la **Polonia**	Polen
polacco, a	polnisch; Pole, Polin
la **Repubblica Ceca**	Tschechien
ceco, a	tschechisch; Tscheche, Tschechin
la **Slovacchia**	Slowakei

slovacco, a	slowakisch; Slowake, Slowakin

la **Grecia**	Griechenland
greco, a	griechisch; Grieche, Griechin
la **Jugoslavia**	Jugoslawien
la **Slovenia**	Slowenien
la **Croazia**	Kroatien
la **Serbia**	Serbien
la **Bosnia-Erzegovina**	Bosnien-Herzegowina
l'**Albania**	Albanien
la **Turchia**	Türkei
turco, a	türkisch; Türke, Türkin

la **Bulgaria**	Bulgarien
la **Romania**	Rumänien
l'**Ungheria**	Ungarn

l'**Estonia**	Estland
la **Lettonia**	Lettland
la **Lituania**	Litauen
la **Bielorussia**	Weißrussland
l'**Ucraina**	Ukraine

la **Cina**	China
cinese	chinesisch; Chinese, Chinesin
il **Giappone**	Japan
giapponese	japanisch; Japaner(in)
l'**India**	Indien
indiano, a	indisch; Inder(in); indianisch; Indianer(in)

2. Der menschliche Körper

2.1 Körperteile und Organe

il **corpo**	Körper
l'**osso**	Knochen
le ossa	die Knochen
la **pelle**	Haut
il **pelo**	Körperhaar
il **sangue**	Blut
la **vena**	Vene, Ader
il **muscolo**	Muskel

la **testa**	Kopf
il **cervello**	Gehirn
il **nervo**	Nerv
la **faccia**	Gesicht
la **fronte**	Stirn
il **capello**	Haar
il **sopracciglio**, *pl* le **soprac-** **ciglia**/i **sopraccigli**	Augenbraue

la **bocca**	Mund
il **dente**	Zahn
togliere qc a qu	jdm etw. wegnehmen; ziehen

Alberto deve **togliersi** un
  dente.
	Alberto muss sich einen
	  Zahn ziehen lassen.

la **mascella**	Kiefer
la **lingua**	Zunge
la **guancia**	Wange
gonfio, a	geschwollen
il **labbro**	Lippe
le labbra	die Lippen
il **mento**	Kinn

il **torace**	Oberkörper
il **collo**	Hals
la **gola**	Hals; Kehle; Rachen
la **spalla**	Schulter
il **petto**	Brust
il **seno**	Brust, Busen
la **schiena**	Rücken
la **colonna vertebrale**	Wirbelsäule

il **braccio**	Arm
Prendimi fra le braccia.	Nimm mich in den Arm.
il **gomito**	Ellbogen
la **mano**	Hand
Hai le mani calde.	Du hast warme Hände.
alzare	hochheben; erhöhen
il **pugno**	Faust
il **dito**	Finger; Zeh

Porta anelli **a tutte le dita**.	Sie trägt an allen Fingern Ringe.
l'**unghia**	Fingernagel

la **vita**	Taille
il **fianco**	Hüfte; Seite
la **coscia**	Oberschenkel
la **gamba**	Bein
il **ginocchio**	Knie
il **piede**	Fuß
Preferisco **stare in piedi**.	Ich stehe lieber.
il **calcagno**	Ferse

il **cuore**	Herz
il **polmone**	Lunge
respirare	atmen
il **respiro**	Atem
soffocare	ersticken
Mi sento soffocare.	Ich glaube zu ersticken.

lo **stomaco**	Magen
il **ventre**	Bauch
il **fegato**	Leber
il **rene**	Niere
l'**intestino**	Darm

2.2 Sexualität, Fortpflanzung, Lebensentwicklung

l'**amore** *m*	Liebe
il **sentimento**	Gefühl, Empfindung
sentimentale	gefühlvoll; sentimental
innamorarsi di	sich verlieben in
innamorato, a di	verliebt in

l'**uomo**	Mann
la **donna**	Frau
far l'amore con qu	mit jdm schlafen
la **contraccezione**	Empfängnisverhütung
la **pillola (contraccettiva)**	Antibabypille
il **preservativo**	Kondom

il **rapporto (sessuale)**	Beziehung, Verhältnis; Geschlechtsverkehr
generare	zeugen
incinta	schwanger
Mia sorella è **incinta di tre mesi**.	Meine Schwester ist im dritten Monat schwanger.
la **gravidanza**	Schwangerschaft
l'**aborto**	Abtreibung
abortire ‹abortisco›	abtreiben

il **bambino**	Kind; Junge
la **bambina**	kleines Mädchen
il **ragazzo**	Junge, Knabe
la **ragazza**	Mädchen
giovane	jung
il, la **giovane**	Jugendliche(r)
la **gioventù**	Jugend

adulto, a	erwachsen
l'**adulto**, l'**adulta**	Erwachsene(r)
vecchio, a	alt
la **vecchiaia**	Alter
invecchiare	altern, alt werden

la **vergine**	Jungfrau
la **pubertà**	Pubertät
la **mestruazione**	Periode

la **nascita**	Geburt
nascere	geboren werden
la **vita**	Leben
vivo, a	lebendig
maturare	reifen, reif werden

morire di	sterben an, ums Leben kommen
morto, a	tot
la **morte**	Tod
il **decesso** *amm*	Ableben; Sterbefall
il **suicidio**	Selbstmord
la **tomba**	Grab
il **funerale**	Beerdigung
il **cimitero**	Friedhof

2.3 Sinne und Wahrnehmungen

l'**occhio**	Auge
vedere	sehen
la **vista**	Sehkraft
cieco, a	blind
lo **sguardo**	Blick
scambiare qc	etw. (ver)wechseln; austauschen
scambiare uno sguardo	einen Blick wechseln
gli **occhiali** *pl*	Brille
Porta gli occhiali dalla prima infanzia.	Seit seiner frühen Kindheit trägt er eine Brille.

l'**orecchio**	Ohr
Mi fanno male le orecchie/ gli orecchi.	Ich habe Ohrenschmerzen.

sentire qu/qc	jdn/etw. hören; fühlen; spüren
l'**udito**	Gehör
sordo, a	taub
muto, a	stumm

il **naso**	Nase
il **gusto**	Geschmack
il **palato**	Gaumen
il **tatto**	Tastsinn
sentire qu/qc	jdn/etw. fühlen; riechen
Non sentite freddo?	Ist euch nicht kalt?

2.4 Bewegungen, Aktivitäten

il **movimento**	Bewegung
la **mossa**	Bewegung; Geste, Zug
muovere	bewegen
mosso, a	bewegt
muoversi	sich bewegen
Non muoverti!	Beweg dich nicht!
immobile	unbeweglich
mobile	beweglich; mobil
girare qc	drehen; (zu)wenden
girarsi	sich umdrehen

andare	gehen; fahren; sich fort-bewegen *(allgemein)*
camminare	gehen
il **passo**	Schritt
correre	laufen, rennen
venire	kommen
saltare	springen
restare	bleiben
restare indietro	zurückbleiben

svegliare	aufwecken
svegliarsi	aufwachen
sveglio, a	wach
la **sveglia**	Wecker
mettere la sveglia	den Wecker stellen
alzarsi	aufstehen
sedersi	sich setzen
Si sieda, prego.	Setzen Sie sich, bitte.

agitare	schütteln
scuotere	schütteln
stringere	drücken; pressen; festhalten
la **stretta**	Druck
essere alle strette	in der Klemme stecken

tẹndere la mano	die Hand ausstrecken; die Hand reichen
afferrare	ergreifen; erfassen

salire	hinaufgehen; einsteigen
scẹndere	hinuntergehen; aussteigen

cadere	fallen
la **caduta**	Fall, Sturz
Giovanni **ha fatto** proprio **una brutta caduta.**	Giovanni ist wirklich schlimm gestürzt.

2.5 Aussehen

bello, a	schön
la **bellezza**	Schönheit
carino, a	hübsch
brutto, a	hässlich
la **statura**	Statur; Größe
normale	normal
alto, a	groß
basso, a	klein

robusto, a	kräftig
grasso, a	dick
magro, a	dünn; mager
snello, a	schlank
dimagrire ‹dimagrisco›	abnehmen
Sono dimagrita due chili.	Ich habe zwei Kilo abgenommen.
dimagrante	Abmagerungs-
la **cura dimagrante**	Abmagerungskur
ingrassare	zunehmen

i **capelli** pl	Haare
la **barba**	Bart
i **baffi** pl	Schnurrbart

pạllido, a	blass; bleich
biondo, a	blond
castano, a	kastanienbraun

l'**aspetto**	Aussehen
Giovane di bell'aspetto cercasi!	Gut aussehende(r) junge(r) Dame/Mann gesucht!
esteriore	Außen-; äußerlich
cambiare	sich verändern
(as)somigliare a qu/qc	ähneln, ähnlich sein
crẹscere	wachsen

2.6 Kosmetik und Körperpflege

l'**acqua**	Wasser
il **sapone**	Seife
rinfrescare	erfrischen; frisch machen
lavarsi	sich waschen
lavarsi i denti	die Zähne putzen
lo **spazzolino da denti**	Zahnbürste
il **dentifricio**	Zahnpasta

fare la doccia	duschen
fare il bagno	baden
nudo, a	nackt
asciugarsi	sich abtrocknen
l'**asciugamano**	Handtuch
il **massaggio**	Massage

truccarsi	sich schminken
il **profumo**	Parfüm; Duft
il **rossetto**	Lippenstift
lo **smalto (per unghie)**	Nagellack
la **limetta per le unghie**	Nagelfeile

farsi la barba	sich rasieren
il **rasoio (elettrico)**	(Elektro-)Rasierer
la **crema**	Creme
la crema da barba	Rasiercreme

il **pettine**	Kamm
pettinarsi	sich kämmen
lo **shampoo**	Shampoo
la **spazzola (per i capelli)**	(Haar-)Bürste
il **fon**	Haartrockner
il **parrucchiere**,	Friseur, Friseurin
la **parrucchiera**	
le **forbici** *pl*	Schere

trascurare qu/qc	jdn/etw. vernachlässigen
l'**igiene** *f*	Hygiene
igienico, a	hygienisch
la **carta igienica**	Toilettenpapier
la **saponetta**	Toilettenseife
il **cotone idrofilo**	Watte
gli **assorbenti** *pl*	Binden
assorbenti interni	Tampons

abbronzarsi	sich bräunen
Vorrei un prodotto per	Ich hätte gerne ein Produkt,
abbronzarmi.	um braun zu werden.
la **scottatura**	Verbrennung; Sonnenbrand

3. Gesundheit und Medizin

3.1 Gesundheit, Krankheit und Behandlung

la **salute**	Gesundheit
la **sanità** *amm*	Gesundheitswesen
l'ufficio della sanità	Gesundheitsamt
il **foglio della mutua**	Krankenschein
guarire ‹guarisco›	genesen, gesund werden
la **guarigione**	Genesung
Buona guarigione!	Gute Besserung!
la **cura**	Kur; Therapie, Behandlung
la **terapia**	Therapie
il, la **paziente**	Patient(in)
rimettersi	sich erholen
la **condizione**	Verfassung
le condizioni di salute	Gesundheitszustand

sano, a	gesund
Sono **sano come un pesce**.	Ich bin kerngesund.
curarsi	sich pflegen, sich behandeln lassen
il **sintomo**	Symptom; Anzeichen
descrivere	beschreiben

la **malattia**	Krankheit
malato, a	krank
Giuseppe è **malato di cuore**.	Giuseppe ist herzkrank.
il **male**	Krankheit; Schmerz
far male	wehtun
Ti fa ancora male la gola?	Hast du immer noch Halsschmerzen?
il **dolore**	Schmerz

stare male/bene	in schlechter/guter Verfassung sein
Se stai male non puoi andare in piscina.	Wenn es dir schlecht geht, kannst du nicht ins Schwimmbad gehen.
stanco, a	müde
stancarsi	ermüden, müde werden
debole	schwach
contagioso, a	ansteckend
migliorare	verbessern, besser werden
peggiorare	verschlechtern, sich verschlimmern
grave	ernst; gefährlich
Questa malattia è sì contagiosa, ma non grave.	Diese Krankheit ist zwar ansteckend, aber nicht gefährlich.
inguaribile	unheilbar
cronico, a	chronisch

la **febbre**	Fieber
il **termometro**	Thermometer
la **crisi**	Krise
la **complicazione**	Komplikation
Salvo complicazioni ...	Sofern es keine Kompli-kationen gibt ...
acuto, a	akut
una malattia acuta	akute Erkrankung
svenire ‹svengo›	ohnmächtig werden

il **disturbo**	Beschwerde; Störung
il **disturbi di circolazione**	Kreislaufbeschwerden
la **digestione**	Verdauung
digerire ‹digerisco›	verdauen
la **diarrea**	Durchfall
vomitare	sich übergeben

la **sofferenza**	Leiden
soffrire di	leiden an
il **mal di testa**	Kopfschmerzen
il **mal di stomaco**	Magenschmerzen
il **mal di pancia**	Bauchschmerzen
il **mal di denti**	Zahnschmerzen
il **mal di gola**	Halsschmerzen
il **mal di mare**	Seekrankheit
il **diabete**	Diabetes, Zuckerkrankheit

l'**allergia**	Allergie
le **difese immunitarie**	Abwehrkräfte
Le tue difese immunitarie **sono ridotte a zero!**	Du hast keinerlei Abwehr-kräfte mehr!

dormire	schlafen
addormentarsi	einschlafen
il **sonno**	Schlaf
il **sogno**	Traum
sognare	träumen
russare	schnarchen
La medicina **sta cercando** rimedi **per chi russa.**	Die Medizin forscht nach Mitteln gegen das Schnarchen.
lo **stress**	Stress
nervoso, a	nervös

l'**infarto**	Infarkt
Giulio **è stato colpito da** infarto.	Giulio erlitt einen Herz-infarkt.
l'**aritmia (cardiaca)**	Herzrhythmusstörung
il **pacemaker** [peis'meiker]	Herzschrittmacher
le **vertigini** *pl*	Schwindelgefühl
il **polso**	Puls

la **ferita**	Wunde
Stefania **ha perso molto sangue dalla ferita.**	Stefanias Wunde hat stark geblutet.
disinfettare qc	etw. desinfizieren
ferire ‹ferisco›	verletzen
rompersi qc	sich etw. brechen
la **frattura**	Bruch; Fraktur
Ho una frattura al braccio.	Ich habe mir den Arm gebrochen.

il **riconoscimento precoce**	Früherkennung
il **cancro**	Krebs
Sono malata di cancro.	Ich bin an Krebs erkrankt.
il **carcinoma**	Karzinom
cancerogeno, a	Krebs erregend
il **tumore**	Tumor
maligno, a	bösartig
benigno, a	gutartig

il **fastidio**	Unannehmlichkeit; Verdruss
la **tosse**	Husten
tossire ‹tossisco›	husten
il **raffreddore**	Erkältung
raffreddarsi	sich erkälten
raffreddato, a	erkältet
l'**influenza**	Grippe
la **bronchite**	Bronchitis
riguardarsi	sich schonen
Dopo **quella brutta bronchite** che hai avuto, devi **riguardarti!**	Nach der schlimmen Bronchitis musst du dich schonen.
la **polmonite**	Lungenentzündung

il **crampo**	Krampf
l'**infiammazione** f	Entzündung
una brutta infiammazione alla gola	eine üble Halsentzündung
l'**appendicite** f	Blinddarmentzündung
gonfiarsi	anschwellen
sudare	schwitzen
il **sudore**	Schweiß

l'**Aids** m ['aids, aidi'ɛsse]	Aids
sieropositivo, a	HIV-positiv
È risultato che non è sieropositivo.	Es stellte sich heraus, dass er nicht HIV-positiv ist.
il **virus**	Virus
danneggiare	schaden; schädigen
colpire qu/qc	jdn/etw. befallen
le **misure preventive**	Vorsorge(maßnahmen)
la **vaccinazione**	Impfung

la **paralisi**	Lähmung
handicappato, a	körperlich/geistig behindert
[endikapp'ato, andikapp'ato]	
la **protesi**	Prothese

3.2 Medizinische Versorgung

il **medico**	Arzt, Ärztin
il **medico di famiglia**	Hausarzt
lo, la **specialista**	Facharzt/-ärztin
la **visita medica**	ärztliche Untersuchung
l'**ambulatorio**	Behandlungszimmer; Praxis
Qual è l'orario di ambulatorio?	Wann ist Sprechstunde?
curare qu/qc	jdn/etw. pflegen; kurieren; behandeln
le **analisi** *pl*	Laboruntersuchungen
l'**urina**	Urin
l'**analisi dell'urina**	Urinuntersuchung
mandare qu	jdn überweisen
rivolgersi a qu	sich an jdn wenden
l'**emergenza**	Notfall
in caso di emergenza	in dringenden Fällen
l'**ospedale** *m*	Krankenhaus
il **reparto**	Abteilung
(il reparto di) rianimazione	Intensivstation
l'**ambulanza**	Krankenwagen
ricoverare	ins Krankenhaus einliefern
la **barella**	Bahre
il **servizio di pronto intervento**	Notdienst
il **pronto soccorso**	erste Hilfe; Notaufnahme
l'**infermiere**, l'**infermiera**	Krankenpfleger/-schwester
il **letto**	Bett
la **Croce Rossa**	Rotes Kreuz
il, la **dentista**	Zahnarzt/-ärztin
togliere	herausholen; herausziehen
l'**otturazione**	Zahnfüllung
otturare	plombieren
la **protesi dentaria**	Zahnersatz
la **capsula**	Krone
lo **psicologo**, la **psicologa**	Psychologe, Psychologin
la **psicologia**	Psychologie
lo, la **psichiatra**	Psychiater(in)
depresso, a	depressiv; niedergeschlagen
Da quando è costretto a **vivere sulla sedia a rotelle**, Ferdinando è molto depresso.	Seit er an den Rollstuhl gefesselt ist, ist Ferdinando sehr niedergeschlagen.

il **neurologo**, la **neurologa**	Neurologe, Neurolgin

la **diagnosi**	Diagnose
probabile	wahrscheinlich
operare qu	jdn operieren
Devo **farmi operare di appendicite**.	Ich muss mich am Blinddarm operieren lassen.
l'**operazione** *f*	Operation
subire qc ‹subisco›	erleiden; sich unterziehen
l'**iniezione** *f*	Injektion
la **siringa**	Spritze

l'**internista** *m, f*	Internist(in)
il **chirurgo**	Chirurg
il, la **pediatra**	Kinderarzt, -ärztin
l'**otorinolaringoiatra** *m, f*	HNO-Arzt, -ärztin
il **radiologo**, la **radiologa**	Radiologe, Radiologin
la **radiografia**	Röntgenuntersuchung

la **medicina tradizionale**	Schulmedizin
alternativo, a	alternativ
una **cura alternativa**	eine alternative Behandlung
l'**omeopatia**	Homöopathie
l'**omeopata** *m, f*	Homöopath(in)

la **farmacia**	Apotheke
il, la **farmacista**	Apotheker(in)
il **medicinale**	Medikament
la **medicina**	Medizin; Medikament
la **ricetta**	Rezept
Senza ricetta **non te lo danno quel medicinale**.	Ohne Rezept bekommst du das Medikament nicht.
prescrivere qc a qu	jdm etw. verschreiben

la **pastiglia**	Tablette
la **confezione**	Packung; Verpackung
Vuole una **confezione da** 10 o da 20 pastiglie?	Möchten Sie eine Packung zu 10 oder 20 Tabletten?
le **gocce** *pl*	Tropfen
la **camomilla**	Kamille
la **pomata**	Salbe
la **supposta**	Zäpfchen
la **fascia**	Binde
Mi serve una **fascia elastica**.	Ich brauche eine elastische Binde.
il **cerotto**	Pflaster
la **fasciatura**	Verband

la **donazione di organi**	Organspende
trapiantare	einpflanzen
il **trapianto**	Verpflanzung

il **donatore**, la **donatrice**	Spender(in)
adatto, a	tauglich

la **cellula**	Zelle
il **gene**	Gen
la **genetica**	Genetik
l'**ingegneria genetica**	Gentechnologie
transgenico, a	genmanipuliert
clonare	klonen
l'**embrione** *m*	Embryo
mutare	verändern

3.3 Drogen, Alkohol, Tabak

il **veleno**	Gift
la **droga**	Droge
lo **spaccio di droga**	Rauschgifthandel
distribuire ‹distribuisco›	verteilen
drogarsi	Rauschgift nehmen
tossicodipendente	drogenabhängig
la **tossicodipendenza**	Drogenabhängigkeit
l'**astinenza**	Entzug, Abstinenz

il **tranquillante**	Beruhigungsmittel
gli **stupefacenti** *pl*	Rauschgift
la **cocaina**	Kokain
il, la **narcotrafficante**	Drogenhändler(in)
l'**eroina**	Heroin
l'**ecstasy** [ˈɛkstəsi]	Ecstasy

l'**alcol**, l'**alcool** *m*	Alkohol
l'**alcolismo**	Alkoholismus
ubriaco, a	betrunken
disintossicarsi	eine Entziehungskur machen
i **sintomi da astinenza**	Entzugserscheinungen
recidivo, a	rückfällig

il **tabacco**	Tabak
la **sigaretta**	Zigarette
il **tabaccaio**	Tabakhändler
il **sigaro**	Zigarre
la **pipa**	Pfeife
fumare	rauchen
lo **spinello**	Joint
il **portacenere**	Aschenbecher
il **fiammifero**	Streichholz
l'**accendino**	Feuerzeug

4.1 *Gefühle*

il **sentimento**	Gefühl
l'**amore** *m*	Liebe
amare qu/qc	jdn/etw. lieben, mögen
gli **amanti** *pl*	Liebespaar
l'**affetto**	Zuneigung
affettuoso, a	zärtlich; herzlich
Tanti affettuosi saluti	Viele herzliche Grüße

la **simpatia**	Sympathie, Zuneigung
Ho **tanta simpatia** per lui.	Ich empfinde große Sympathie für ihn.
nobile	edel
simpatico, a	sympathisch
antipatico, a	unsympathisch
indifferente a	gleichgültig gegenüber

l'**apparenza**	Anschein; Aussehen
apparire	erscheinen
piacere	gefallen
godere qc	etw. genießen
ammirare	bewundern
l'**ammirazione** *f*	Bewunderung
la **stima**	(Wert-)Schätzung, Hochachtung
Con la massima stima	Hochachtungsvoll *(Schlussfloskel in förmlichen Briefen)*
stimare qc/qn	etw./jdn schätzen

la **sensazione**	Gefühl; Empfindung
provare	empfinden
la **nostalgia**	Heimweh; Sehnsucht
nostalgia dell'Italia	Heimweh nach Italien
riempire di	(aus)füllen; erfüllen mit
la **gioia**	Freude
Che gioia **vederti** qui!	Welche Freude, dich hier zu sehen!
la **voglia di**	Lust auf
la **passione**	Leidenschaft

la **paura di**	Angst vor
tremare	zittern
tremare dalla paura	vor Angst zittern
temere qc/qu	etw./jdn fürchten
l'**istinto**	Instinkt
agire d'istinto	aus dem Bauch heraus handeln
istintivo, a	instinktiv
un **gesto istintivo**	eine instinktive Reaktion

commuovere qu	jdn bewegen, rühren
commosso, a	bewegt, gerührt
grato, a	dankbar
Ti sono molto grato per/di tutto.	Ich bin dir sehr dankbar für alles.
la **gratitudine**	Dankbarkeit
triste	traurig
la **tristezza**	Traurigkeit

confuso, a	verwirrt; durcheinander
la **vergogna**	Scham; Schande
vergognarsi di	sich schämen für
imbarazzante	peinlich
pentirsi di	bereuen

evitare qc	etw. vermeiden
l'**emozione** f	Erregung; Gemütsbewegung
evitare emozioni	Aufregungen vermeiden
improvviso, a	plötzlich, unerwartet
la **delusione**	Enttäuschung
provocare qu/qc	jdn/etw. provozieren; auslösen

disprezzare qu/qc	jdn/etw. verachten
schifoso, a	widerlich, ekelhaft
lo **schifo**	Ekel(gefühl)
odioso, a	verhasst; niederträchtig
l'**odio**	Hass; Widerwille
odiare	hassen

geloso, a di	eifersüchtig auf
la **gelosia**	Eifersucht
l'**invidia**	Neid
invidiare qu per qc	jdn wegen etw. beneiden
arrabbiarsi con/per	sich ärgern über; zornig werden auf
Non arrabbiarti!	Ärgere dich nicht!
furioso, a	wütend; rasend
sfogarsi	sich Luft machen; sich austoben
Non temere, sfogarsi fa bene.	Keine Angst, es tut gut, Dampf abzulassen.

4.2 Denken, Sichvorstellen, Wollen

pensare a/di qu/qc	denken an/über
il **pensiero**	Gedanke
pensarci	daran denken; es sich überlegen; sich kümmern
Ai biglietti **ci pensa** Giorgio.	Giorgio kümmert sich um die Karten.

riflẹttere su	nachdenken über
Hai riflettuto su quello che ti ho detto?	Hast du über meine Worte nachgedacht?

la **mente**	Geist
lọgico, a	logisch
intelligente	intelligent
l'**intelligenza**	Intelligenz
intellettuale	intellektuell
capire qu/qc ‹capisco›	jdn/etw. verstehen, begreifen
Si capisce!	Das versteht sich von selbst!
comprẹndere qu/qc	jdn/etw. verstehen
afferrare qc *fam*	etw. (durch)blicken
sapere	wissen; können
l'**ignoranza**	Unwissenheit; Dummheit

fạcile	einfach
facilitare qc	etw. erleichtern
diffịcile	schwierig; schwer
È molto difficile che lui **sappia** queste cose.	Es ist schwer vorstellbar, dass er diese Dinge weiß.
la **facilità**	Leichtigkeit
la **difficoltà**	Schwierigkeit
affrontare qu/qc	jdm/etw. entgegentreten; entgegensehen
Tutti dobbiamo imparare ad affrontare le difficoltà della vita.	Wir alle müssen uns den Schwierigkeiten des Lebens stellen.
complicato, a	kompliziert

il **problema**	Problem
la **soluzione**	Lösung
risọlvere qc	etw. lösen
la **possibilità**	Möglichkeit

volere	wollen
voluto, a	gewollt
supporre	vermuten; annehmen
la **supposizione**	Vermutung
crẹdere	glauben

l'**idea**	Idee
immaginarsi qc	sich etw. vorstellen
l'**immaginazione** *f*	Phantasie, Einbildungskraft
la **fantasịa**	Phantasie
figurarsi qc	sich etw. vorstellen
Figurati tu cosa mi ha risposto!	Stell dir vor, was er mir geantwortet hat!
Non mi disturba affatto, si figuri!	Es stört mich keineswegs, ich bitte Sie!

il **senso** (di)	Sinn; Gefühl (für)
ricordarsi di qu/qc	sich erinnern an jdn/etw.
il **ricordo**	Erinnerung
dimenticare qu/qc	jdn/etw. vergessen
dimenticarsi di qu/qc	jdn/etw. vergessen; versäumen
Non **dimenticarti di** imbucare la lettera.	Vergiss nicht, den Brief einzuwerfen.
ragionare	vernünftig denken; argumentieren; nachdenken
Cerca di ragionare con calma.	Versuch, ruhig nachzudenken.
la **ragione**	Vernunft; Recht
avere ragione	Recht haben

progettare	planen; entwerfen
decidere	beschließen; entscheiden
la **decisione**	Beschluss; Entscheidung
definire	definieren; bestimmen
formulare	formulieren

preoccupato, a	besorgt
Non essere preoccupato per me, va tutto bene!	Mach dir keine Sorgen um mich, es ist alles in Ordnung.
preoccuparsi di qu/qc	sich Sorgen machen wegen
sconvolgere qu	jdn erschüttern; durcheinander bringen

4.3 Charakter, Verhalten

il **carattere**	Charakter
il **temperamento**	Temperament
la **mentalità**	Mentalität
la **personalità**	Persönlichkeit

vivace	lebhaft
affascinante	faszinierend
aperto, a	offen(herzig)
dolce	sanft
romantico, a	romantisch
generoso, a	großzügig; freigiebig

allegro, a	froh; lustig
l'**allegria**	Fröhlichkeit; Ausgelassenheit
bravo, a	tüchtig; anständig; brav
buono, a	gut(mütig); brav
Luigi **è buono come il pane**. *loc*	Luigi ist eine Seele von Mensch.
fedele	treu
gentile	nett, freundlich
la **gentilezza**	Freundlichkeit

coraggioso, a	mutig
il **coraggio**	Mut

l'**agio**	Wohlbefinden; Behaglichkeit
Non mi sento a mio agio!	Ich fühle mich unbehaglich!
l'**umore** *m*	Stimmung
la **calma**	Ruhe
Vedrai che con calma riuscirai a fare tutto.	Du wirst sehen, mit Ruhe wird dir alles gelingen.
l'**intuito**	Intuition
sospirare	seufzen
il **sospiro**	Seufzer
il **sollievo**	Erleichterung
il **sospiro di sollievo**	Seufzer der Erleichterung

modesto, a	bescheiden
onesto, a	ehrlich; redlich
l'**onore** *m*	Ehre
prudente	vorsichtig
la **prudenza**	Vorsicht
La prudenza non è mai troppa! *loc*	Ein bisschen Vorsicht schadet nie.
sensibile	sensibel, empfindsam
sincero, a con	aufrichtig zu
la **sincerità**	Aufrichtigkeit, Ehrlichkeit
timido, a	schüchtern
curioso, a	neugierig
la **curiosità**	Neugier

calmo, a	ruhig; besonnen
rimanere	bleiben
Come fai a rimanere sempre così calmo?	Wie bringst du es fertig, immer so ruhig zu bleiben?
la **tranquillità**	Ruhe
tranquillo, a	ruhig, beruhigt
la **pazienza**	Geduld
Mi dispiace, ma ho proprio perso la pazienza.	Tut mir Leid, aber ich habe völlig die Geduld verloren.
paziente con	geduldig mit
tollerante	tolerant
succedere	passieren, geschehen
Non è successo niente.	Es ist nichts passiert.

duro, a	hart(herzig)
avaro, a	geizig
avaro di parole	wortkarg
pignolo, a	kleinlich
sgarbato, a	ruppig, unhöflich

chiuso, a	verschlossen
pauroso, a	ängstlich

inquieto, a	unruhig
vigliacco, a	feige

il **vizio**	Laster
brutto, a	unschön; böse; schlimm
cattivo, a	schlecht; böse; bösartig
Oggi sono di cattivo umore.	Heute bin ich schlecht gelaunt.
crudele	grausam
picchiare	schlagen

comico, a	komisch
ironico, a	ironisch
cinico, a	zynisch
Non siate così cinici!	Seid nicht so zynisch!
furbo, a	schlau; gerissen
Non siete certo stati furbi a fare così!	Ihr wart nicht besonders schlau, als ihr das getan habt!
la **furbizia**	Gerissenheit

ridere	lachen
sorridere	lächeln
lo **scherzo**	Scherz, Spaß
scherzare	scherzen, Witze machen
Tu **stai scherzando**, spero!	Ich hoffe, du machst Witze!

piangere qu/di qc	jdn beweinen; vor etw. weinen
la **lacrima**	Träne
la **malinconia**	Melancholie

l'**abitudine** f	(An-)Gewohnheit
abituato, a	gewohnt; gewöhnt
Non sei più **abituato a tanto lavoro.**	Du bist an so viel Arbeit nicht mehr gewöhnt.
abituarsi a qu/qc	sich gewöhnen an jdn/etw.
l'**attenzione** f	Aufmerksamkeit; Achtung
Fate attenzione ai bambini!	Passt auf die Kinder auf!
la **fiducia**	Vertrauen
Ho molta **fiducia in** te.	Ich habe großes Vertrauen in dich.
fidarsi di	vertrauen auf

l'**intenzione** f	Absicht
apposta	absichtlich
Ti prego di scusarmi, non l'ho fatto apposta.	Ich bitte dich um Entschuldigung, ich habe es nicht absichtlich getan.
intendere	beabsichtigen
insistere su qc	auf etw. bestehen, insistieren
l'**interesse** m	Interesse

interessarsi di qu/qc	sich für jdn/etw. interessieren
esitare	zögern

irritare	irritieren; reizen; ärgern
il **torto**	Unrecht
il **pregiudizio**	Vorurteil
Io non ho pregiudizi **nei suoi confronti.**	Ich habe keine Vorurteile gegen ihn.

matto, a	verrückt
impazzire ‹impazzisco›	verrückt werden
la **follia**	Wahnsinn
Ti ama alla follia.	Sie liebt dich wahnsinnig.
cretino, a	blöde; dumm
ingenuo, a	naiv
Ma come sei ingenua!	Bist du naiv!

sbrigarsi	sich beeilen
puntuale	pünktlich
ordinato, a	ordentlich
disordinato, a	unordentlich
diligente	fleißig
pigro, a	faul

il **comportamento**	Betragen, Benehmen
comportarsi	sich verhalten, sich benehmen
reagire a qc ‹reagisco›	auf etw. reagieren
Maurizio **reagisce** male.	Maurizio reagiert negativ.
la **reazione**	Reaktion

sorprendere	überraschen
la **sorpresa**	Überraschung
l'**improvvisata**	Überraschung
Che bella improvvisata ci avete fatto con il vostro arrivo!	Mit eurem Kommen habt ihr uns eine schöne Überraschung bereitet.
capitare	passieren
Ce ne capitano di tutti i colori.	Uns passiert alles Mögliche.
immediato, a	unmittelbar; direkt

forte	stark
Sii forte!	Du musst stark sein.
la **forza**	Kraft, Stärke
la **volontà**	Wille
l'**iniziativa**	Initiative
prendere l'iniziativa	die Initiative ergreifen
la **prova**	Versuch; Probe
Mettimi pure alla prova!	Stell mich doch auf die Probe!
ottimista	optimistisch
pessimista	pessimistisch

spiritoso, a	geistreich; witzig
Non fare **tanto lo spiritoso!**	Mach keine Witze!
spontạneo, a	spontan

incitare	antreiben; anspornen
Bisogna incitarlo a lavorare di più.	Man muss ihn dazu bringen, dass er mehr arbeitet.
costrịngere	zwingen
Non mi costringere a usare la forza, **non ti conviene!**	Zwinge mich besser nicht, Gewalt anzuwenden.
cẹdere a qu/qc	jdm/etw. nachgeben
la **circostanza**	Umstand
Date le circostanze, penso che sia meglio cedere.	Unter diesen Umständen ist es wohl besser nachzugeben.

attivo, a	aktiv
deciso, a	entschlossen
obbligato, a	verpflichtet
Stando così le cose, sono obbligata a darti ragione.	Nach Lage der Dinge muss ich dir Recht geben.
enẹrgico, a	energisch
l'**egoista** *m, f*	Egoist(in)
orgoglioso, a	stolz
ambizioso, a	ehrgeizig

rispettare qc/qu	achten; respektieren; Rücksicht nehmen; einhalten
il **rifiuto**	Weigerung
rifiutare qc	etw. ablehnen; verweigern
falso, a	falsch, unehrlich
È una donna troppo falsa per i miei gusti.	Diese Frau ist mir zu unehrlich.
mentire a	lügen; belügen
la **bugịa**	Lüge
Ti prego di non dire più bugie.	Hör bitte auf zu lügen!
sbagliarsi	sich irren; sich vertun

4.4 Fähigkeiten, Aktivitäten

tentare	versuchen
il **tentativo**	Versuch
essere capace di	fähig sein zu
la **capacità**	Fähigkeit
competente	kompetent; zuständig
competente nel suo campo	kompetent auf seinem Gebiet
ẹssere in grado di	imstande sein zu

adoperare qc	etw. anwenden; bedienen
Come si adopera questa macchina?	Wie bedient man diese Maschine?

applicare	anwenden; anbringen
applicare una regola	eine Regel anwenden
agire ‹agisco›	wirken; handeln
Sei sicuro che questo prodotto **agisca?**	Bist du sicher, dass dieses Mittel wirkt?
maneggiare	handhaben; umgehen mit
concentrarsi su qc	sich auf etw. konzentrieren
la **concentrazione**	Konzentration

inventare	erfinden
l'**invenzione** *f*	Erfindung
creare	schaffen, erschaffen
controllare qu/qc	jdn/etw. kontrollieren
il **controllo**	Kontrolle
organizzare	organisieren
compiere	ausführen; erfüllen
dimostrare qc a qu	jdm etw. beweisen
completare	vervollständigen; abschließen
modificare	ändern

dire qc a qu	jdm etw. sagen
Come osi dire queste cose?	Wie kannst du es wagen, so etwas zu sagen?
motivare qu	jdn motivieren
osare	wagen
intraprendere qc	etw. unternehmen
provvedere a	sich kümmern um; besorgen
Alfredo ha detto che **provvederà lui a** tutto.	Alfredo hat gesagt, er werde sich um alles kümmern.
improvvisare qc	etw. improvisieren
I ragazzi **hanno improvvisato una festa.**	Die Kinder haben kurzerhand eine Party veranstaltet.

perfetto, a	perfekt, vollkommen
la **perfezione**	Perfektion, Vollkommenheit
il **piano**	Plan
il **progetto**	Plan; Projekt
pratico, a	praktisch
essere pratico di	sich auskennen
realizzare qc	etw. verwirklichen; erzielen
Quanto avete **realizzato con la vendita** della casa?	Wie viel habt ihr mit dem Verkauf des Hauses erzielt?
riuscire a ‹riesco›	gelingen
Ci riesci?	Schaffst du es?
fallire ‹fallisco›	scheitern
I suoi piani **non** falliscono **mai.**	Seine Pläne scheitern nie.

5. Ernährung, Kleidung, Einkaufen

5.1 Essen und Trinken

il **cibo**	Nahrung; Speise; Gericht
Non **tocco cibo** da tre giorni.	Ich esse seit drei Tagen nichts.
gli **alimentari** *pl*	Nahrungsmittel, Lebensmittel
il **negozio di alimentari**	Lebensmittelgeschäft
nutrire	ernähren
la **fame**	Hunger
mangiare	essen
Vi posso offrire **qualcosa da mangiare?**	Kann ich euch etwas zu essen anbieten?
il **consumo**	Verbrauch; Konsum
consumare	verwenden; verbrauchen
il **pane**	Brot
il **burro**	Butter
la **pasta**	Teigwaren; Teig
la **farina**	Mehl
la **sete**	Durst
bere	trinken
l'**acqua (minerale)**	(Mineral-)Wasser
l'**acqua potabile**	Trinkwasser
il **latte**	Milch
la **cioccolata**	Schokolade, Kakao
la **limonata**	Limonade
il **macellaio**, la **macellaia**	Metzger(in)
la **carne**	Fleisch
la **carne di manzo**	Rindfleisch
la **carne di maiale**	Schweinefleisch
La **carne di maiale** è molto più cara in Italia che in Germania.	Schweinefleisch ist in Italien viel teurer als in Deutschland.
la **carne di vitello**	Kalbfleisch
il **pollo**	Hähnchen
la **scaloppina**	Schnitzel
la **cotoletta**	Kotelett
tenero, a	zart
duro, a	hart; zäh
la **salumeria**	Wurstwaren-/Feinkostgeschäft
Potresti andare in salumeria?	Könntest du in den Feinkostladen gehen?
Mi servono delle salsicce per stasera.	Ich brauche Würstchen für heute Abend.
i **salumi** *pl*	Wurstwaren
il **salame**	Salami
un **panino con il salame**	ein Salamibrötchen
la **salsiccia**	(Schweins-)Würstchen
il **prosciutto**	Schinken

cotto, a	gekocht; gar
crudo, a	roh
la **fetta**	Scheibe

l'**uovo**	Ei
sodo, a	hart gekocht; fest
le **uova sode**	hart gekochte Eier
alla coque [kɔk]	weich gekocht
il **formaggio**	Käse

la **verdura**	Gemüse
trovare	finden; bekommen
In Italia si trovano tantissimi tipi di verdura.	In Italien findet man eine Vielzahl von Gemüsearten.
l'**insalata**	Salat
il **vegetariano**, la **vegetariana**	Vegetarier(in)
vegetariano, a	vegetarisch
leggero, a	leicht (verdaulich)
pesante	schwer (verdaulich)

l'**oliva**	Olive
un **etto di** olive	100 g Oliven
il **peperone**	Paprika
gli **spinaci** pl	Spinat
i **piselli** pl	Erbsen
i **fagioli** pl	Bohnen
i **fagiolini** pl	grüne Bohnen

indispensabile	unabdingbar; unverzichtbar
Per **mantenersi in** buona salute è indispensabile mangiare frutta e verdura.	Um bei guter Gesundheit zu bleiben, muss man unbedingt Obst und Gemüse essen.
economico, a	wirtschaftlich; preiswert; sparsam
caro, a	teuer

il **fornaio**, la **fornaia**	Bäcker(in)
il **panino**	Brötchen
il **cornetto**	Croissant, Hörnchen
la **pasticceria**	Konditorei
la **pasta**	Teilchen
il **dolce**	Kuchen; Süßspeise
Il **panettone** è il classico dolce di Natale.	Der Panettone ist der klassische Weihnachtskuchen.
la **torta**	Torte
la **panna**	Sahne
il **biscotto**	Keks

i **surgelati** pl	Tiefkühlkost
surgelato, a	tiefgefroren
il **barattolo**	Dose

la **scạtola**	Schachtel; Dose; Büchse
l'**apriscạtole** *m*	Dosenöffner
le **conserve** *pl*	Konserven

la **frutta**	Obst
Conviene sempre comprare la **frutta di stagione**.	Es empfiehlt sich, Obst je nach der Jahreszeit zu kaufen.
la **pera**	Birne
la **mela**	Apfel
la **ciliegia**	Kirsche
la **fragola**	Erdbeere

la **pesca**	Pfirsich
l'**arancia**	Apfelsine
il **mandarino**	Mandarine
l'**albicocca**	Aprikose
la **macedonia (di frutta)**	Obstsalat
il **fico**	Feige
Compra tu i fichi, **io penso al** prosciutto.	Kauf du die Feigen, ich besorge den Schinken.
il **cocọmero**	Wassermelone
il **melone**	Melone
maturo, a	reif

il **caffè**	Kaffee
il **tè**	Tee
la **menta**	Minze; Pfefferminz
tiẹpido, a	lau(warm)
freddo, a	kalt
caldo, a	warm; heiß

il **vino**	Wein
un **quarto di** vino rosso	ein Viertel Rotwein
secco, a	trocken
il **cavatappi**	Korkenzieher
lo **spumante**	Sekt
frizzante	spritzig; sprudelnd
la **grappa**	Grappa *(Tresterbranntwein)*

la **birra (alla spina)**	Bier (vom Fass)
l'**apribottiglie** *m*	Flaschenöffner
il **brịndisi**	Trinkspruch
Facciamo un brindisi alla salute di Wanda!	Trinken wir auf Wandas Gesundheit!
cin cin	prost

la **bevanda**	Getränk
l'**alcol**, l'**alcool** *m*	Alkohol
il **liquore**	Likör; Spirituose
analcọlico, a	alkoholfrei
potạbile	trinkbar

5.2 Kochen und Gerichte

la **cucina**	Küche
il **cuoco**, la **cuoca**	Koch, Köchin
cuocere qc	etw. garen; kochen
cucinare qc	etw. kochen; zubereiten
bollire	kochen, sieden

l'**ingrediente** m	Zutat
È una ricetta **complicatissima**, **ci vogliono un sacco di** ingredienti.	Das Rezept ist sehr kompliziert und man braucht jede Menge Zutaten!
preparare	zubereiten
Quando preparo le patate al forno **ci metto** sempre due spicchi d'aglio e un po' di rosmarino.	Wenn ich Bratkartoffeln mache, nehme ich immer zwei Knoblauchzehen und ein wenig Rosmarin.
macinare	mahlen, durch den Wolf drehen
condire ‹condisco›	würzen; anmachen
mescolare	umrühren; mischen
assaggiare	kosten; abschmecken
bruciarsi	anbrennen

la **patata**	Kartoffel
il **purè**	Püree
le **tagliatelle** pl	Bandnudeln
il **riso**	Reis
il **sugo**	Soße; Saft
la **salsa**	Soße
Come condisci la pasta? **In bianco** o con la salsa di pomodoro?	Wie machst du die Nudeln? Mit Butter und Käse oder mit Tomatensoße?

l'**aglio**	Knoblauch
la **cipolla**	Zwiebel
il **prezzemolo**	Petersilie
il **sedano**	Sellerie
la **salvia**	Salbei
Facciamo le tagliatelle con burro e salvia.	Wir machen Tagliatelle mit Butter und Salbei.
il **rosmarino**	Rosmarin

il **pomodoro**	Tomate
la **carota**	Karotte
la **barbabietola**	Rübe; rote Bete
il **cavolo**	Kohl
la **melanzana**	Aubergine
la **zucchina**, lo **zucchino**	Zucchini
ripieno, a	gefüllt

occọrrere	nötig sein
Occorrono almeno dieci zucchini non troppo piccoli.	Man braucht mindestens zehn nicht zu kleine Zucchini.
pulire ‹pulisco›	putzen
pelare	schälen

il **sale**	Salz
il **pepe**	Pfeffer
l'**aceto**	Essig
l'**olio**	Öl
il **limone**	Zitrone
piccante	scharf
salato, a	gesalzen; salzig; versalzen

il **pesce**	Fisch
Fai attenzione che il pesce **sia** fresco e non surgelato.	Achte darauf, dass der Fisch frisch und nicht tiefgefroren ist.
il **tonno**	Thunfisch
la **sardina**	Sardine
la **trota**	Forelle
la **sọgliola**	Seezunge
fritto, a	fritiert; gebacken
alla griglia	vom Grill

5.3 Gastronomie

il **ristorante**	Restaurant
l'**osterịa**	Gasthaus
la **trattorịa**	Speiselokal
la **rosticcerịa**	Rotisserie *(Schnellrestaurant mit Speisen zum Mitnehmen)*
Andiamo in rosticceria a prendere un pollo arrosto, pomodori e melanzane ripieni.	Wir besorgen uns in der Rosticceria ein Brathähnchen, gefüllte Tomaten und Auberginen.
il **bar**	Espressobar; Café; Theke
Faccio sempre la prima colazione al bar.	Ich frühstücke immer im Café.
la **tavola calda**	Snackbar, Schnellimbiss
riservare	reservieren
Faccio riservare un tavolo?	Soll ich einen Tisch reservieren lassen?

il **pranzo**	Mittagessen
la **cena**	Abendessen
pranzare	zu Mittag essen
cenare	zu Abend essen

la **lista**	(Speise-)Karte

il **menù**	Speisekarte; Menü
speciale	Spezial-; besondere(r, s)
la **specialità**	Spezialität; Besonderheit
compreso, a	inbegriffen
il **servizio**	Bedienung
servire	bedienen

il **cameriere**, la **cameriera**	Ober, Kellnerin
Cameriere, **senta per favore!**	Herr Ober, bitte!
il **conto**	Rechnung
Il conto, per favore!	Bitte die Rechnung!
la **mancia**	Trinkgeld

offrire qc a qu	jdm etw. anbieten; jdn einladen
il **tramezzino**	Sandwich
Posso **offrirti** almeno un tramezzino?	Darf ich dich wenigstens zu einem Sandwich einladen?
ordinare qc	etw. bestellen
la **consumazione**	Verzehr
l'**aperitivo**	Aperitif
stimolare	anregen; anreizen
Un aperitivo prima di pranzo **mi stimola** l'appetito.	Ein Aperitif vor dem Mittagessen regt meinen Appetit an.
il **digestivo**	Digestif; Verdauungsschnaps
il **sorso**	Schluck
Prendi anche **un sorso di** digestivo!	Nimm auch einen kleinen Verdauungsschnaps!
l'**appetito**	Appetit
Buon appetito!	Guten Appetit!

la **(prima) colazione**	Frühstück
la **marmellata**	Marmelade
il **miele**	Honig
il **succo (di frutta)**	(Frucht-)Saft
lo **zucchero**	Zucker
dolce	süß
acido, a	sauer
amaro, a	bitter

la **lista delle bevande**	Getränkekarte
il **bicchiere**	Glas
la **bottiglia**	Flasche
la **spremuta (di frutta)**	frisch gepresster Fruchtsaft
Vorrei una **spremuta d'arancia**, per favore.	Ich hätte gerne einen frisch gepressten Orangensaft.
l'**aranciata**	(Orangen-)Limonade

la **tovaglia**	Tischdecke
il **tovagliolo**	Serviette
il **coperto**	Gedeck
la **tazza**	Tasse

il **piatto**	Teller; Gericht
la **forchetta**	Gabel
il **coltello**	Messer
il **cucchiaio**	(Suppen-)Löffel
il **cucchiaino (da tè/caffè)**	Tee-, Kaffeelöffel

l'**antipasto**	Vorspeise
misto, a	gemischt
prendere	nehmen
Perché non prendiamo tutti un bell'antipasto misto?	Warum nehmen wir nicht alle einen gemischten Vorspeisenteller?
il **primo (piatto)**	erster Gang
la **minestra**	Suppe
il **minestrone**	Gemüsesuppe
il **brodo**	Brühe; Suppe

il **pasto**	Mahlzeit
il **secondo (piatto)**	Hauptgang
Cosa desidera di secondo, signora?	Was wünschen Sie als Hauptgericht, meine Dame?
la **bistecca**	Steak
il **filetto**	Filetsteak
l'**agnello**	Lamm
ai ferri	vom Grill
Mi faccia una bistecca ai ferri.	Machen Sie mir ein Steak vom Grill.
arrosto *inv*	gebraten
il **contorno**	Beilage
alla casalinga	nach Hausfrauenart

la **pizza**	Pizza
i **frutti di mare** *pl*	Meeresfrüchte
le **cozze** *pl*	Miesmuscheln
la **seppia**	Tintenfisch

il **dolce**	Nachtisch
il **dessert** [de'ssɛr]	Dessert, Nachspeise
il **gelato**	Eis
la **zuppa inglese**	Cremespeise mit likörgetränktem Löffelbiskuit
il **sapore**	Geschmack; Aroma
l'**odore** *m*	Duft
la **mandorla**	Mandel
la **noce**	Nuss

5.4 Kleidungsstücke

| il **vestiario** | Kleidung; Garderobe |
| **vestire** | sich kleiden; anziehen |

Ti piace come veste Massimo?	Gefällt dir, wie Massimo sich kleidet?
vestirsi	sich anziehen
Non **ho** ancora **finito di vestirmi**.	Ich bin noch nicht fertig angezogen.
mettere qc	etw. anziehen
Mettiti i pantaloni **di lana che fa freddo**.	Zieh dir die Wollhose an, es ist kalt.
indossare qc	etw. anziehen
addosso	auf; bei; an
Ma cosa ti sei messo addosso?	Was hast du denn da angezogen?
spogliarsi	sich ausziehen
cambiarsi	sich umziehen
portare	tragen

la **biancheria**	Wäsche
la **maglia**	Unterhemd
le **mutande** _pl_	Unterhose
il **reggiseno**	Büstenhalter
il **pigiama**	Schlafanzug
la **calza**	Strumpf
il **collant** _inv_	Strumpfhose
il **costume da bagno**	Badeanzug; Badehose

la **camicia**	Hemd
Cambiati e metti una camicia con le maniche corte.	Zieh dich um und nimm ein Hemd mit kurzen Ärmeln.
la **camicetta**	Bluse
i **pantaloni** _pl_	Hose
un paio di pantaloni	eine Hose
la **gonna (a pieghe)**	(Falten-)Rock
la **giacca**	Sakko; Jacke
il **golf**	Strickjacke
il **pullover**	Pullover
il **maglione**	Pullover
il **collo (alto)**	(Roll-)Kragen; (Steh-)Kragen
la **manica**	Ärmel

il **vestito**	Kleid; Anzug
Quanto costa questo vestito **a scacchi**?	Was kostet dieses karierte Kleid?
l'**abito**	Kleid; Anzug
il **cappotto**	Mantel
Con questo tempo **è meglio se ti metti** il cappotto.	Bei diesem Wetter ziehst du besser einen Mantel an.
l'**impermeabile** _m_	Regenmantel
i **saldi di fine stagione**	Schlussverkauf

la **moda**	Mode
essere di moda	„in" sein

elegante	elegant
l'**eleganza**	Eleganz

il **sarto**, la **sarta**	Schneider(in)
consigliare qc a qu	raten; empfehlen
consigliarsi	sich beraten
il **modello**	Modell
guardare	(an)schauen; nachsehen
il **taglio**	Schnitt
raffinato, a	raffiniert
Il tuo abito nuovo ha un taglio molto raffinato.	Dein neues Kleid hat einen sehr raffinierten Schnitt.
le **misure** *pl*	Maße
prendere le misure	Maß nehmen

la **qualità**	Qualität
la **stoffa**	Stoff
il **tessuto**	Gewebe; Stoff
la **seta**	Seide
la **lana**	Wolle
il **cotone**	Baumwolle
il **lino**	Leinen
il **velluto**	Samt
il **cuoio**	Leder
la **pelle**	Leder
vero, a	echt
in vera pelle	aus echtem Leder
veramente	wirklich
stupendo, a	wunderbar

la **macchia**	Fleck
lavare	waschen
lavare a secco	(chemisch) reinigen
sporco, a	schmutzig
sporcare	beschmutzen
pulito, a	sauber
la **lavatrice**	Waschmaschine
delicato, a	zart; empfindlich
Non puoi mettere questi vestiti in lavatrice, sono troppo delicati!	Du kannst diese Kleider nicht in die Waschmaschine tun, sie sind zu empfindlich!
la **lavanderia**	Wäscherei; Reinigung
il **detersivo**	Waschmittel
il **bucato**	Wäsche
tingere	färben; abfärben
Vorrei tingere questo tessuto **in nero**.	Ich möchte diesen Stoff schwarz färben.

cucire	nähen
strappare	(zer)reißen
lo **strappo**	Riss

il **filo**	Faden
l'**ago**	Nähnadel
la **macchina da cucire**	Nähmaschine
le **forbici** *pl*	Schere
il **buco**	Loch
il **ferro da maglia**	Stricknadel
lavorare a maglia	stricken

spazzolare	bürsten
appendere	aufhängen
la **piega**	(Bügel-)Falte
stirare	bügeln
il **ferro da stiro**	Bügeleisen

la **scarpa**	Schuh
il **paio**	Paar
due paia di scarpe	zwei Paar Schuhe
la **stringa**	Schnürsenkel
lo **stivale**	Stiefel
il **sandalo**	Sandale
il **tacco**	Absatz
il **calzolaio**, la **calzolaia**	Schuhmacher(in), Schuster(in)
ritirare qc	etw. abholen
aggiustare	reparieren; flicken

5.5 Schmuck und Zubehör

il **gioielliere**, la **gioielliera**	Juwelier(in)
il **gioiello**	Juwel; Schmuckstück
la **pietra preziosa**	Edelstein
l'**argento**	Silber
l'**oro**	Gold
la **perla**	Perle

la **fede**	Trauring
l'**anello**	Ring
la **spilla**	Brosche
la **catena**	Kette
l'**orecchino**	Ohrring
l'**orologio (da polso)**	(Armband-)Uhr
Mi si è fermato l'orologio, dovrò cambiare la pila.	Meine Uhr ist stehen geblieben, ich werde die Batterie wechseln müssen.
il **braccialetto**	Armband

la **borsa**	Tasche
la **borsetta**	Handtasche
il **cappello**	Hut
la **cintura**	Gürtel
la **cravatta**	Krawatte

la **farfalla**	Fliege
il **fazzoletto**	Taschentuch; Halstuch

il **foulard** [fu'lar]	Halstuch
lo **scialle**	Schal
il **guanto**	Handschuh
la **tasca**	Tasche *(am Kleidungsstück)*
la **cerniera**	Reißverschluss
l'**ombrello**	Regenschirm

lo **spillo**/la **spilla**	Nadel; Brosche
lo **spillo**/ la **spilla di sicurezza**	Sicherheitsnadel
il **bottone**	Knopf
il **bordo**	Borte

5.6 Einkaufen

la **spesa**	Einkauf *(von Lebensmitteln)*
fare la spesa	Einkäufe machen
il **mercato**	Markt
il **supermercato**	Supermarkt
il **negozio**	Geschäft, Laden
passare	vorbeigehen
mancare	fehlen
Ci manca il latte.	Es ist keine Milch mehr da.

esporre	ausstellen
la **vetrina**	Schaufenster
l'**articolo**	Artikel
la **scelta**	Auswahl

comprare	kaufen
il **commesso**, la **commessa**	Verkäufer(in)
il **reparto**	Abteilung
il **reparto** di **abbigliamento per uomo**	Abteilung für Herrenoberbekleidung
la **cassa**	Kasse
il **cassiere**, la **cassiera**	Kassierer(in)
lo **scontrino**	Kassenbon
Da qualsiasi negozio si esca, si deve avere sempre lo scontrino, altrimenti si rischia una multa.	Beim Verlassen eines Ladens muss man immer den Kassenbon bei sich haben, sonst riskiert man eine Geldstrafe.
il **sacchetto**	Tüte; Beutel
Può **darmi** un **sacchetto di** carta / **di** plastica / **di** stoffa?	Haben Sie eine Papiertüte / Plastiktüte / einen Stoffbeutel für mich?

gli **spiccioli** *pl*	Kleingeld

i **contanti** *pl*	Bargeld
in contanti	in bar
il **portafoglio**	Brieftasche
il **portamonete**	Geldbeutel
il **borsellino**	Geldbeutel
l'**assegno**	Scheck

costare	kosten
il **prezzo**	Preis
l'**IVA (imposta sul valore aggiunto)**	Mehrwertsteuer
incluso, a	inbegriffen
Nel prezzo è inclusa l'IVA?	Ist im Preis die Mehrwertsteuer enthalten?
l'**etichetta**	Etikett; Preisschild
spendere	ausgeben
pagare	zahlen
a buon mercato	billig; preiswert
a rate	Raten-, in Raten
la **svendita**	Ausverkauf
lo **sconto**	Preisnachlass; Skonto

il **numero**	Nummer; Größe
Che **numero di scarpe** porta? – Il 36.	Welche Schuhgröße haben Sie? – Größe 36.
la **taglia**	Größe
comodo, a	bequem
la **cabina di prova**	Umkleidekabine
provare	anprobieren
star bene/male	gut/schlecht passen; gut/schlecht stehen
Questa camicia non **sta bene con quei** pantaloni.	Dieses Hemd passt nicht zu der Hose.

mettere qc	etw. anziehen
togliere qc/qc a qu	etw. ablegen; jdm etw. wegnehmen
cambiare	ändern; umtauschen
Vorrei cambiare quest'articolo.	Ich möchte diesen Artikel umtauschen.
stretto, a	eng
largo, a	weit
corto, a	kurz
lungo, a	lang

6. Wohnen

6.1 Bauen, Haus, Gebäude und Bewohner

l'**edilizia**	Bauwesen
l'**architetto**	Architekt(in)
il **permesso (di costruzione)**	(Bau-)Genehmigung
la **pianta**	Plan
il **terreno**	Grundstück
fabbricabile	baureif; bebaubar
un **terreno fabbricabile**	Bauplatz
vendere	verkaufen
comprare	kaufen

costruire ‹costruisco›	bauen
il **permesso di costruire**	Baugenehmigung
il **cantiere**	Baustelle
estraneo, a	fremd; unbefugt
L'accesso al cantiere è **vietato agli estranei.**	Betreten der Baustelle ist Unbefugten verboten.
la **costruzione**	Bau; Konstruktion
le **fondamenta** pl	Fundament

il **materiale**	Material
il **cemento**	Zement; Beton
il **vetro**	Glas
il **legno**	Holz

ricostruire ‹ricostruisco›	wiederaufbauen
la **ricostruzione**	Rekonstruktion, Wiederaufbau
il **restauro**	Restaurierung
Chiuso per restauri.	Wegen Restaurationsarbeiten geschlossen.

il **mattone**	Backstein
il **muro**	Mauer
il **tetto**	Dach
il **suolo**	Boden

la **camera**	Zimmer; Raum; Zimmereinrichtung
Io sono in camera.	Ich bin in meinem Zimmer.
la **stanza**	Zimmer
la **porta**	Tür
sbattere qc	etw. schleudern; (zu)schlagen
Non sbattere la porta, per favore!	Knall bitte nicht so die Tür zu!
la **maniglia**	Klinke
aprire	öffnen
chiudere	(ab)schließen
la **chiave**	Schlüssel
chiudere a chiave	abschließen

il **garage** [gaˈraːʒ]	Garage

il **piano**	Stockwerk
Giulia abita **al** 5° (quinto) piano.	Giulia wohnt im 5. Stock.
il **pianterreno**	Erdgeschoss
il **vicino**, la **vicina**	Nachbar(in)
il **campanello**	Klingel
l'**ascensore** *m*	Aufzug
chiamare qu	jdn rufen
L'ascensore è bloccato, bi-sogna chiamare il portinaio.	Der Aufzug steckt fest, man muss den Hausmeister rufen.

il **riscaldamento**	Heizung
È ora di accendere il riscalda-mento.	Es ist Zeit, die Heizung anzumachen.
il **camino**	Kamin, Schornstein
la **stufa**	Ofen
il **termosifone**	Heizkörper

l'**elettricità**	Elektrizität; Strom
la **corrente**	Strom
l'**illuminazione** *f*	Beleuchtung; Erleuchtung
l'**interruttore** *m*	Schalter
l'**impianto**	Anlage
L'impianto non funziona perché l'interruttore è rotto.	Die Anlage funktioniert nicht, weil der Schalter kaputt ist.
funzionare	funktionieren
il **cavo**	Kabel, Leitung *(Strom, Telefon, usw.)*
la **prolunga**	Verlängerungsschnur; -kabel
la **presa**	Steckdose
l'**interruttore** *m*	(Licht-)Schalter
il **cortocircuito**	Kurzschluss

il **pavimento**	Fußboden
il **soffitto**	Decke
la **parete**	Wand
decorare	verzieren
dipingere	malen; anstreichen
l'**intonaco**	Verputz
la **carta da parati**	Tapete

il **corridoio**	Flur
la **terrazza**	Terrasse
la **finestra**	Fenster
la **scala**	Treppe; Leiter
la **scala esterna**	Außentreppe
lo **scalino**	Stufe
la **persiana**	Fensterladen
la **persiana avvolgibile**	Jalousie; Rolladen
dare su	liegen; gelegen sein

Questa camera **dà sul** mare.	Dieses Zimmer liegt zum Meer.
la **cantina**	Keller

il **soggiorno**	Wohnzimmer
la **camera da letto**	Schlafzimmer
Quante camere da letto vi occorrono?	Wie viele Schlafzimmer braucht ihr?
la **camera dei bambini**	Kinderzimmer
lo **studio**	Arbeitszimmer
la **camera degli ospiti**	Gästezimmer
la **sala**	(großes) Zimmer; Saal
il **salotto**	Salon; Wohnzimmer; Couchgarnitur
la **cucina**	Küche
separare qc da	etw. trennen von

il **bagno**	Bad
il **bidè**	Bidet
la **vasca da bagno**	Badewanne
il **gabinetto**	Toilette
la **toilette**	Toilette
Dove si trova la toilette?	Wo befindet sich die Toilette?

il **palazzo**	Palast; Palazzo; Hochhaus
la **casa**	Haus
cambiare casa	umziehen
cercare	suchen
Che tipo di casa stai cercando?	Was für eine Art Haus/ Wohnung suchst du?
l'**alloggio**	Unterkunft; Wohnung
il **condominio**	Haus mit Eigentumswohnungen; Miteigentum
l'**appartamento in condominio**	Eigentumswohnung
il **trasloco**	Umzug
fare il trasloco	umziehen

il **proprietario**, la **proprietaria**	Eigentümer(in)
il **contratto d'affitto**	Mietvertrag
il **padrone (di casa)**, la **padrona (di casa)**	(Haus-)Besitzer(in)
l'**affitto**	Miete
l'**inquilino**, l'**inquilina**	Mieter(in)
il **portinaio**, la **portinaia**	Pförtner(in); Hausmeister(in)

stabilirsi ‹mi stabilisco›	sich niederlassen, sich etablieren
affittare	mieten; vermieten
affittasi	zu vermieten

Affittasi appartamento **di tre camere con servizi.**	Dreizimmerwohnung mit Küche und Bad zu vermieten.
ammobiliato, a	möbliert
confortevole	komfortabel

l'**inserzione** f	Inserat
l'**agenzia immobiliare**	Maklerbüro
la **vendita**	Verkauf
Casa in vendita.	Haus zu verkaufen.
vendesi	zu verkaufen
il **pagamento**	Bezahlung
il **termine**	Frist
Il termine per il pagamento è già scaduto.	Der Zahlungstermin ist schon verstrichen.

le **spese (supplementari)** *pl*	(Neben-)Kosten
la **manutenzione**	Instandhaltung
i **lavori di manutenzione**	Instandsetzungsarbeiten
disdire qc	etw. kündigen
l'**accordo**	Vereinbarung
Abbiamo **preso un accordo** per rinnovare il contratto con l'inquilino.	Wir haben vereinbart, den Vertrag mit dem Mieter zu verlängern.

6.2 Wohnung, Einrichtung

abitare	wohnen
l'**appartamento**	Wohnung
il **balcone**	Balkon
la **fioriera**	Blumenkasten
il **vaso**	Vase; Blumentopf
il **giardino**	Garten
il **giardiniere**, la **giardiniera**	Gärtner(in)

arredare	einrichten; ausstatten
i **mobili** *pl*	Möbel
l'**armadio**	Schrank
il **cassetto**	Schublade
la **poltrona**	Sessel
il **tavolo**	Tisch
il **tavolino**	Tischchen
il **tavolino da lavoro**	Arbeitstisch
la **sedia**	Stuhl
il **divano**	Sofa
Il divano **sta molto bene con** queste due poltrone.	Das Sofa passt sehr gut zu den beiden Sesseln.
lo **scaffale**	Regal
la **scrivania**	Schreibtisch
spostare la scrivania	den Schreibtisch verschieben, verrücken

la **lampada**	Lampe
la **lampadina**	Glühbirne
la **tenda**	Gardine
il **tappeto**	Teppich

il **letto**	Bett
coprire	decken; bedecken; verkleiden
la **coperta**	(Bett-)Decke
il **materasso**	Matratze
morbido, a	weich
il **lenzuolo**	Bettlaken
il **guanciale**	Kopfkissen

la **doccia**	Dusche
il **lavandino**	Waschbecken
il **rubinetto**	(Wasser-)Hahn
Per fortuna **il rubinetto** non **perde** più.	Zum Glück tropft der Wasserhahn nicht mehr.
lo **specchio**	Spiegel

la **radio**	Radio
abbassare	leiser stellen; senken; tiefer stellen
Per favore, abbassa la radio!	Stell bitte das Radio leiser!
alzare	lauter/höher stellen

6.3 Haushalt und Hausarbeiten

il **casalingo**, la **casalinga**	Hausmann, Hausfrau
domestico, a	häuslich; Haus-
pulire ‹pulisco›	säubern; reinigen
la **pulizia**	Reinigung(sarbeit); Säuberung
fare le pulizie	putzen
fare la stanza	Zimmer aufräumen

la **polvere**	Staub
l'**aspirapolvere** *m*	Staubsauger
passare l'aspirapolvere	Staub saugen
strofinare	wischen
Il pavimento della cucina **va strofinato** per bene.	Der Küchenfußboden muss ordentlich gewischt werden.
spazzare	fegen, kehren
la **scopa**	Besen
il **cestino**	Papierkorb; Körbchen
la **pattumiera**	Abfalleimer
il **disordine**	Unordnung
procedere	vorgehen; fortschreiten
C'è tantissimo da fare: procediamo con calma.	Es ist sehr viel zu tun; gehen wir in aller Ruhe zu Werke.

la **tavola**	Tisch; Tafel
apparecchiare la tavola	den Tisch decken
dare una mano a	zur Hand gehen
sparecchiare la tavola	den Tisch abräumen
Dammi una mano a sparecchiare la tavola, per favore.	Hilf mir bitte, den Tisch abzuräumen.
la **posata**	Besteckteil
le posate	das Besteck
lavare i piatti	das Geschirr spülen
aiutare qu	jdm helfen
Ti aiuto a lavare i piatti.	Ich helfe dir beim Abwasch.
asciugare	abtrocknen
asciutto, a	trocken

il **fornello**	Herd
il **forno**	Backofen
accendere	einschalten
spegnere	ausschalten
il **frigorifero**	Kühlschrank
la **lavastoviglie**	(Geschirr-)Spülmaschine
la **lavatrice**	Waschmaschine

le **stoviglie** *pl*	Geschirr
la **teglia**	Backform; Bratpfanne
la **padella**	Pfanne
la **macchina da/del caffè**	Kaffeemaschine

7. Privatleben, Soziale Beziehungen

7.1 Person, Familie

la **famiglia**	Familie
familiare	familiär; Familien-
la **madre**	Mutter
la **mamma**	Mama
il **padre**	Vater
il **babbo**	Papa
i **genitori** *pl*	Eltern
il **figlio**, la **figlia**	Sohn, Tochter; Kind
il **bambino**, la **bambina**	Junge; Mädchen; Kind

la **generazione**	Generation
educare	erziehen
dipendere da qu/qc	von jdm/etw. abhängig sein
Finché dipendi **dai tuoi genitori**, fai quello che ti dicono.	Solange du von deinen Eltern abhängig bist, machst du, was sie dir sagen.
Dipende.	Das kommt darauf an.

l'**infanzia**	Kindheit
il **fratello**	Bruder
i **fratelli** *pl*	Geschwister
maggiore	älter
Chi è **il maggiore dei fratelli?**	Welcher ist der ältere der Brüder?
minore	jünger
la **sorella**	Schwester
Io sono la sorella **minore** di Isabella.	Ich bin Isabellas jüngere Schwester.
il **gemello**, la **gemella**	Zwilling; Zwillingsbruder, -schwester
assomigliarsi	sich ähneln

l'**antenato**, l'**antenata**	Vorfahr(in), Ahn(in)
il **nonno**, la **nonna**	Großvater, Großmutter
andare a trovare qu	jdn besuchen gehen
il, la **nipote**	Enkel(in); Neffe, Nichte
il **cugino**, la **cugina**	Cousin, Cousine
lo **zio**, la **zia**	Onkel, Tante
mio zio Giovanni	mein Onkel Giovanni
il, la **parente**	Verwandte(r)

il **genero**	Schwiegersohn
la **nuora**	Schwiegertochter
il **cognato**, la **cognata**	Schwager, Schwägerin
il **suocero**, la **suocera**	Schwiegervater, Schwiegermutter
i **suoceri** *pl*	Schwiegereltern
anziano, a	alt; betagt

fidanzarsi	sich verloben
Si sono fidanzati.	Sie haben sich verlobt.
il **fidanzato**, la **fidanzata**	Verlobte(r); feste(r) Freund(in)
Vorrei farti conoscere il mio fidanzato.	Ich möchte dir meinen Verlobten vorstellen.
la **moglie**	Ehefrau
il **marito**	Ehemann
la **coppia**	Paar
sposare	heiraten
lo **sposo**, la **sposa**	Bräutigam, Braut
le **nozze** *pl*	Hochzeit; Trauung
il **matrimonio**	Ehe
il **divorzio**	Scheidung
divorziare	sich scheiden lassen

7.2 Begrüßung, Abschied, Einladung

salutare qu	jdn begrüßen; sich verabschieden von
ciao	hallo; tschüs; ciao
stare	sich befinden; sein
come	wie
Ciao, **come stai?** – **Io sto bene**, grazie. E tu?	Hallo, wie geht es dir? – Danke, mir geht's gut, und dir?
il **saluto**	Gruß
cordiale	herzlich
Cordiali saluti a tutta la famiglia.	Herzliche Grüße an die ganze Familie!
buongiorno	Guten Tag! Guten Morgen!
buonasera	Guten Abend!
Buonasera a tutti!	Guten Abend allerseits!
buonanotte	Gute Nacht!
dare la buonanotte a	jdm gute Nacht wünschen
arrivederci	Auf Wiedersehen!
arrivederla	Auf Wiedersehen! *(höfl. Anrede)*
l'**addio**	Abschiedsgruß; Trennung
il **signor(e)**	Herr
la **signora**	Frau; Dame
caro, a	lieb; teuer
Cara signora Giovanna, …	Liebe Signora Giovanna, …
la **signorina**	Fräulein
incontrare	treffen; begegnen
vedersi	sich sehen
presentare qu a qu	jdn jdm vorstellen
dare del tu a qu	jdn duzen
dare del lei a qu	jdn siezen

conoscere	kennen; kennen lernen
il, la **conoscente**	Bekannte(r)
la **conoscenza**	Bekanntschaft; Kenntnis
lieto, a	froh, erfreut
Molto lieto di fare la Sua conoscenza.	Sehr erfreut, Ihre Bekanntschaft zu machen.
il **piacere**	Freude; Vergnügen
Piacere di conoscerla.	Sehr erfreut, Sie kennen zu lernen.
il, la **collega**	Kollege, Kollegin

l'**ospitalità**	Gastfreundschaft
ospitare qu	jdn beherbergen
ricevere	empfangen
favorire ‹favorisco›	die Güte haben; zugreifen
Prego, favorisca, non faccia complimenti!	Bitte greifen Sie zu! Fühlen Sie sich wie zu Hause!
partecipare a qc	an etw. teilnehmen; bei etw. mitwirken
la **cortesia**	Höflichkeit
Per cortesia, potrebbe aiutarmi?	Könnten Sie mir bitte helfen?

invitare	einladen
l'**invitato**, l'**invitata**	(geladener) Gast
l'**invito**	Einladung
l'**ospite** *m, f*	Gast
l'**amico**, l'**amica**	Freund(in)
intimo, a	eng, intim
la **visita**	Besuch
far visita a qu	jdn besuchen
Permesso?	Darf ich?
avanti	vorwärts; herein
Permesso? – Avanti!	Darf ich? – Kommen Sie
Si accomodi pure!	herein! Nehmen Sie nur Platz!

bussare	anklopfen
Si prega di entrare senza bussare!	Bitte ohne anzuklopfen eintreten!
benvenuto, a	willkommen
Sei sempre benvenuta.	Du bist immer willkommen.
accomodarsi	Platz nehmen; eintreten
disturbarsi	sich bemühen; sich Umstände machen
dispiacere a qu	Leid tun; missfallen
Mi dispiace che Lei **si disturbi** tanto.	Es tut mir Leid, dass Sie sich solche Umstände machen.

7.3 Positives und negatives Sozialverhalten

aiutare qu	jdm helfen
Scusi, **può aiutarmi?**	Entschuldigen Sie, können Sie mir helfen?
il **favore**	Gefallen; Gefälligkeit
l'**aiuto**	Hilfe
appoggiare qu/qc	jdn/etw. (unter)stützen
l'**appoggio**	Stütze; Halt
il **soccorso**	Hilfe
accompagnare	begleiten

accontentare	zufrieden stellen, befriedigen
calmare	beruhigen
ricompensare	belohnen, entschädigen
privilegiare	privilegieren; bevorzugen
il **privilegio**	Privileg, Sonderrecht; Vorzug
aspettarsi qc da qu	von jdm etw. erwarten

accontentarsi di qc	sich mit etw. begnügen
Io mi accontento di poco.	Ich bin mit wenig zufrieden.
arrangiarsi	sich einigen; zurechtkommen
intendersi con qu/di qc	sich mit jdm verstehen; sich mit etw. auskennen
Se **hai dei dubbi**, chiedi a Luigi. Io non me ne intendo.	Wenn du Zweifel hast, frag Luigi. Ich kenne mich (damit) nicht aus.
intendersela con qu	mit jdm etwas haben; mit jdm unter einer Decke stecken
Dicono che **se l'intenda** con la figlia del capo.	Man sagt, er habe etwas mit der Tochter des Chefs.

l'**atteggiamento**	Haltung, Einstellung
responsabile di	verantwortlich für
la **responsabilità**	Verantwortung
sotto la nostra responsabilità	auf unsere Verantwortung
il **rispetto**	Respekt; Achtung; Ehrfurcht
Proviamo tutti grande **rispetto per lui.**	Wir haben alle große Achtung vor ihm.

offendere	beleidigen
l'**offesa**	Beleidigung
litigare	(sich) streiten
avercela con qu	gegen jdn etw. haben; auf jdn böse sein
Scusa, **con chi ce l'hai?** – **Ce l'ho con te**, non l'hai ancora capito?	Entschuldige, auf wen bist du böse? – Auf dich, hast du das immer noch nicht begriffen?

l'imbroglione, l'imbrogliona
Non vogliamo **avere a che fare** con lui, è un grande imbroglione.
Betrüger(in)
Wir wollen nichts mit ihm zu tun haben. Er ist ein schlimmer Betrüger.

ingannare
reinlegen; hintergehen, täuschen

sospettare di qu
Nessuno **sospettava di lui.**
jdn verdächtigen
Niemand verdächtigte ihn.

---

sciocco, a
Secondo me **siete stati sciocchi a comportarvi** così.
dumm
Meiner Ansicht nach war es dumm von euch, so zu handeln.

la sciocchezza

Non dire sciocchezze!
Dummheit; Lappalie; Kleinigkeit
Red kein dummes Zeug!

la rabbia
Mamma mia, che rabbia mi fai!
Wut
Himmel noch mal, bringst du mich in Rage!

il, la rivale
Rivale, Rivalin

vendicare qu/qc
jdn/etw. rächen

vendicarsi su qu di qc
sich an jdm für etw. rächen

---

abbandonare
verlassen; im Stich lassen

la colpa
Ma allora di chi è la colpa?
Schuld
Wessen Schuld ist es denn?

deludere
Grazia lo ha deluso tanto che **non ne vuole** più **sentir parlare.**
enttäuschen
Grazia hat ihn so enttäuscht, dass er nichts mehr von ihr wissen will.

la delusione
Enttäuschung

il risentimento
Come mai tutto questo risentimento nei loro confronti?
Groll; Ressentiment
Warum dieser Groll ihnen gegenüber?

risentire dí qc
unter etw. leiden

---

distratto, a
zerstreut; unaufmerksam

la distrazione
Zerstreuung; Zerstreutheit

stanco, a
Stiamo in piedi, grazie, non siamo stanchi.
müde
Wir bleiben stehen, danke; wir sind nicht müde.

stancare
ermüden; langweilen

stancarsi
ermüden; sich abmühen

annoiare
langweilen

trattenersi da ‹mi trattengo›
Mi trattengo dal dire quello che penso.
sich zurückhalten
Ich verzichte darauf zu sagen, was ich denke.

trattenere ‹trattengo›
aufhalten

scocciare *fam*	nerven
il **tormento**	Qual; Plage
Sei proprio un tormento!	Du bist wirklich eine Plage!
il **riposo**	Rast; Ruhe

il **livello**	Niveau
sociale	gesellschaftlich; sozial
la **società**	Gesellschaft
introdurre	einführen
la **solidarietà**	Solidarität

7.4 Besitz und Zugehörigkeit

avere	haben
possedere	besitzen
il **possesso**	Besitz
Siete ancora **in possesso dei** vostri documenti?	Besitzt ihr noch eure Unterlagen?
il **proprietario,** la **proprietaria**	Eigentümer(in)
la **proprietà**	Eigentum; Besitzung
proprio, a	eigen
Ognuno deve **fare attenzione** alle proprie cose.	Jeder soll auf die eigenen Sachen achten.

mio, a	mein, meine
tuo, a	dein, deine
Quando arrivano **i tuoi amici?**	Wann kommen deine Freunde an?
suo, a	sein, seine; ihr, ihre
I suoi parenti vivono in Calabria.	Seine (Ihre) Verwandten leben in Kalabrien.

nostro, a	unser, unsere
Nostro padre è di Torino.	Unser Vater kommt aus Turin.
vostro, a	euer, eure
loro	ihr, ihre
La loro madre è gentile.	Ihre Mutter ist nett.

appartenere a qu	jdm gehören
essere di qu	jdm gehören
Di chi è questa borsa?	Wem gehört diese Tasche?
il **patrimonio**	Vermögen
investire	investieren, anlegen
restituire qc a qu ‹restituisco›	jdm etw. zurückgeben

8. Erziehung, Lernen, Bildung

8.1 Erziehung, Bildung

l'**educazione** f	Erziehung; Ausbildung
la **scuola**	Schule
scolastico, a	schulisch, Schul-
le **vacanze** pl	Ferien

l'**asilo (infantile)**	Kindergarten
la **maestra d'asilo**	Kindergärtnerin
l'**asilo nido**	Kinderkrippe
la **scuola materna**	Vorschule
la **scuola elementare**	Grundschule
la **scuola media**	Mittelschule
La scuola media è **una scuola dell'obbligo** e dura tre anni.	Die Mittelschule ist eine Pflichtschule und umfasst drei Jahre.
la **scuola superiore**	höhere Schule
il **liceo**	Gymnasium (Oberstufe)
il **liceo classico/scientifico**	humanistisches/naturwissenschaftliches Gymnasium
il **collegio**	Internat

insegnare qu / qc a qu	lehren; unterrichten
l'**insegnante** m, f	Lehrkraft, Lehrer(in)
il **maestro**, la **maestra**	Grundschullehrer(in)
autoritario, a	autoritär
severo, a	streng
il **professore**, la **professoressa**	Professor(in); Lehrer(in) an höheren Schulen
la **professoressa d'italiano**	Italienischlehrerin
dirigere qu/qc	etw. leiten; jdm vorstehen
il **direttore**, la **direttrice**	Direktor(in)
il, la **preside**	Schulleiter(in)

l'**esame di maturità**	Abitur(prüfung); Reifeprüfung
l'**esame di stato** m	Abitur(prüfung); Staatsexamen
il **diploma**	(Abschluss-)Zeugnis; Diplom
Gabriella **ha preso** due diplomi.	Gabriella hat zwei Diplome gemacht.
la **licenza**	Abgangszeugnis; Schulabschluss
Il **titolo di studio**	Schulabschluss; Studienabschluss

8.2 Schule, Unterricht

l'**allievo**, l'**allieva**	Schüler(in)
il **compagno**, la **compagna**	(Klassen-)Kamerad(in), Mitschüler(in)
il **compagno di banco**	Banknachbar

frequentare	regelmäßig besuchen
Luigi frequenta **la terza media**.	Luigi besucht die dritte Klasse der Mittelschule.
la **classe**	Klasse
la **lezione**	Lektion; Schulstunde
imparare	lernen
imparare a memoria	auswendig lernen

l'**attenzione** f	Aufmerksamkeit
concentrarsi su	sich konzentrieren auf
attento, a a	aufmerksam auf
il **silenzio**	Stille
fare silenzio	still sein
silenzioso, a	still
zitto, a	still; ruhig
Ma questi ragazzi **non stanno mai zitti!**	Diese Jungs geben aber auch nie Ruhe.
ascoltare qu/qc	jdm/etw. zuhören

l'**assenza**	Abwesenheit; Fehlen
Non potete **fare tante assenze!**	Ihr dürft nicht so oft fehlen!
recuperare	aufholen; zurückgewinnen
Devo studiare molto per recuperare le lezioni che ho perduto.	Ich muss viel lernen, um die versäumten Lektionen nachzuholen.
il **recupero**	Aufholen; Rückgewinnung

la **pagella**	Schulzeugnis
lodare	loben
il **voto**	Note
insufficiente	mangelhaft; ungenügend
sufficiente	ausreichend; genügend
bocciare qu	jdn durchfallen lassen, nicht versetzen
Piergiorgio purtroppo è stato bocciato.	Piergiorgio ist leider sitzen geblieben.
promuovere qu	jdn versetzen
Luisa è stata promossa **in quarta**.	Luisa ist in die vierte Klasse versetzt worden.

la **materia**	Unterrichtsfach
l'**esempio**	Beispiel
l'**esercizio**	Übung
il **metodo**	Methode
spiegare qc a qu	jdm etw. erklären
la **spiegazione**	Erklärung

la **regola**	Regel
applicare la regola	die Regel anwenden
la **formula**	Formel
sapere	wissen; können

potere
Naturalmente **so** nuotare, ma oggi non **posso** perché sono raffreddato.

können
Natürlich kann ich schwimmen; aber heute kann ich nicht, weil ich erkältet bin.

---

il **tema**
I ragazzi della mia classe hanno scritto **dei** temi molto belli.

Aufsatz
Die Jungen aus meiner Klasse haben sehr schöne Aufsätze geschrieben.

il **dettato**
dettare
la **relazione**
riassumere

Diktat
diktieren; festlegen
Referat; Bericht
zusammenfassen

---

i **compiti** *pl*
esatto, a
  essato!
l'**errore** *m*
lo **sbaglio**
sbagliare

stupido, a
cancellare
la **frase**

Hausaufgaben; Aufgaben
richtig
  genau!
Fehler; Irrtum
Fehler
falsch machen, Fehler machen; irren
dumm
(durch)streichen
Satz

---

correggere qu/qc
Quando hai corretto quel lavoro?
la **correzione**
corretto, a
copiare
suggerire a qu ‹suggerisco›

jdn/etw. korrigieren
Wann hast du diese Arbeit korrigiert?
Korrektur
korrekt; richtig
abschreiben
jdm vorsagen

---

l'**alfabeto**
l'**analfabeta**
leggere
il **libro**
scrivere
la **scrittura**
il **quaderno**
la **penna**
la **matita**
la **biro** *inv*

Alphabet
Analphabet(in)
lesen
Buch
schreiben
(Hand-)Schrift
Heft
Füller
Bleistift
Kuli; Kugelschreiber

---

l'**aula**
il **banco (di scuola)**
la **lavagna**
il **gesso**
la **spugna**

Klassenzimmer; Saal
Schulbank
Tafel
Kreide
Schwamm

---

la **lingua straniera**

Fremdsprache

il **tedesco**	Deutsch
l'**inglese**	Englisch
il **francese**	Französisch
lo **spagnolo**	Spanisch
l'**italiano**	Italienisch

il **dizionario**	Wörterbuch
il **vocabolario**	Wörterbuch
il vocabolario di tedesco	deutsches Wörterbuch
l'**enciclopedia**	Lexikon
tradurre	übersetzen
la **grammatica**	Grammatik
l'**ortografia**	Rechtschreibung

la **geografia**	Erdkunde
la **matematica**	Mathematik
la **biologia**	Biologie
la **fisica**	Physik
Suo padre **vorrebbe che** Daniele **studiasse** fisica nucleare.	Danieles Vater möchte, dass sein Sohn Kernphysik studiert.
la **chimica**	Chemie
l'**esperimento**	Experiment

la **storia**	Geschichte
l'**arte** f	Kunst
la **musica**	Musik
la **religione**	Religion
lo **sport**	Sport

contare	zählen
Io so contare fino a cento in quattro lingue, e tu?	Ich kann in vier Sprachen bis hundert zählen, und du?
calcolare	rechnen, kalkulieren
il **calcolo**	Rechenaufgabe
sommare	zusammenzählen; addieren
sottrarre	abziehen; subtrahieren
moltiplicare per	malnehmen, multiplizieren mit
dividere per	teilen, dividieren durch

8.3 Universität

l'**università**	Universität
Bologna ha l'università più vecchia del mondo.	Bologna hat die älteste Universität der Welt.
universitario, a	Universitäts-; akademisch
la **riforma**	Reform
la riforma dell'università	Universitätsreform
la **facoltà**	Fakultät
iscriversi a	sich einschreiben in

A quale facoltà ti sei iscritto?	An welcher Fakultät hast du dich eingeschrieben?
studiare	studieren; lernen
lo **studio**	Studium; Lernen
la **borsa di studio**	Stipendium
l'**istituto**	Institut
l'**istituto interpreti**	Dolmetscherinstitut

diventare	werden
Non voglio più diventare scienziato.	Ich will nicht mehr Wissenschaftler werden.
lo **studente**, la **studentessa**	Student(in); Schüler(in) an einer höheren Schule
il **corso**	Vorlesung; Kurs
frequentare un corso	eine Vorlesung besuchen
il **colloquio**	Kolloquium; Unterredung

lo **scienziato**, la **scienziata**	Wissenschaftler(in)
la **scienza**	(Natur-)Wissenschaft
la **farmacia**	Pharmazie
l'**ingegneria**	Ingenieurwesen
nucleare	nuklear; Kern-, Atom-
l'**informatica**	Informatik

le **lettere** *pl*	Geisteswissenschaften
la **legge**	Jura
Studiamo **tutti e tre** lettere, e voi? – Noi studiamo legge e **tra poco ci laureeremo**.	Wir studieren alle drei an der philosophischen Fakultät, und ihr? – Wir studieren Jura und machen bald Examen.
l'**economia**	Wirtschaftswissenschaften
l'**archeologia**	Archäologie
l'**architettura**	Architektur

il **latino**	Latein
il **greco**	Griechisch
il **lettore**, la **lettrice**	Lektor(in)

esaminare	prüfen
l'**esame** *m*	Prüfung
il **risultato**	Ergebnis
risultare	sich ergeben; sich herausstellen
rimandare	durchfallen lassen
essere rimandato	durchfallen

la **tesi**	Doktorarbeit; Examensarbeit
la **laurea**	Universitätsabschluss; italienischer Doktortitel
laurearsi in	Examen machen in
la **lode**	Auszeichnung

9. Berufs- und Arbeitswelt

9.1 Arbeitsgeräte und handwerkliche Fertigung

il **manuale**	Handbuch
l'**apparecchio**	Apparat; Gerät
l'**attrezzo**	Gerät, Werkzeug
l'**arnese** *m*	Werkzeug; Instrument
utilizzare	benutzen
usare	verwenden
usato, a	gebraucht
trasformare	verwandeln; umgestalten
Con poco lavoro e pochi attrezzi abbiamo trasformato tutta la stanza.	Mit wenig Arbeit und wenig Handwerkszeug haben wir das ganze Zimmer umgestaltet.
la **catena di montaggio**	Fließband

la **sega**	Säge
Questa sega **non taglia più**.	Diese Säge ist stumpf.
il **martello (pneumatico)**	(Pressluft-)Hammer
il **chiodo**	Nagel
la **vite**	Schraube
fissare	fixieren; befestigen
il **cacciavite**	Schraubenzieher; Schrauben-dreher
Questo cacciavite è troppo piccolo, **ce ne vuole** uno più grande.	Dieser Schraubenzieher ist zu klein, man braucht einen größeren.
le **tenaglie** *pl*	Zange
il **trapano**	Bohrer
la **trapanatrice**	Bohrmaschine

il **gancio**	Haken
attaccare	befestigen
legare	(zusammen)binden; fesseln
la **corda**	Kordel; Seil
il **nodo**	Knoten
pendere	(herab)hängen

il **pennello**	Pinsel
lo **smalto**	Lack
applicare	anbringen; auftragen
la **vernice**	Farbe; Anstrich
il **secchio**	Eimer
la **pompa**	Pumpe
pompare	aufpumpen

il **metro**	Metermaß
il **metro pieghevole**	Zollstock
pesare	(ab)wiegen
la **bilancia**	Waage
la **livella**	Wasserwaage

9.2 Büro, Büroartikel

la **carta**	Papier
la **carta da lettere**	Briefpapier
la **busta**	Briefumschlag
il **foglio**	Blatt
la **scheda**	Karteikarte
l'**etichetta**	Aufkleber

la **matita**	Bleistift
la **penna (stilogràfica)**	Füllfederhalter
la **gomma (per cancellare)**	(Radier-)Gummi
il **temperino**	Bleistiftspitzer
cancellare	streichen; (aus)radieren
sottolineare	unterstreichen
il **pennarello**	Filzstift
l'**evidenziatore** *m*	Textmarker

la **màcchina da scrìvere**	Schreibmaschine
elèttrico, a	elektrisch
elettrònico, a	elektronisch
automàtico, a	automatisch
registrare	aufnehmen; verzeichnen; registrieren; (ver)buchen
la **calcolatrice**	Taschenrechner; Rechen-maschine

la **lente d'ingrandimento**	Lupe; Vergrößerungsglas
il **timbro**	Stempel
il **nastro adesivo**	Klebeband
la **clip**	Büroklammer
la **colla**	Leim; Klebstoff
lògoro, a	abgenutzt; verschlissen

il **calendario**	Kalender
segnare	notieren; vermerken
l'**agenda**	Terminkalender
sull'agenda	im Terminkalender
la **cartella**	Mappe

il **computer**	Computer
il **dato**	Angabe
i **dati**	Daten
cliccare	(an)klicken
premere qc	etw. drücken
Basta che Lei prema il bottone a destra.	Sie brauchen bloß den Knopf rechts zu drücken.
l'**elaborazione** *f*	Verarbeitung
Questo programma è per l'elaborazione dei testi.	Dies ist ein Textverarbei-tungsprogramm.

e-mail (la casella di posta elettrònica) [i'meil]	E-Mail

il **file** [fail]	Datei
memorizzare	speichern
il **floppy (disk)**	Diskette
la **stampante**	Drucker
la **cartuccia**	Kartusche, Druckerpatrone

9.3 Berufsausbildung und Berufe

apprèndere	lernen
l'**apprendista** *m, f*	Lehrling; Auszubildende(r)
l'**apprendistato**	Lehre; Ausbildung
Quanti anni dura il tuo apprendistato?	Wie lange dauert deine Lehre?
l'**istruzione** *f*	(Berufs-)Ausbildung; Instruktion
professionale	beruflich; Berufs-
la **formazione professionale**	Berufsausbildung
istruire qu ‹istruisco›	jdn ausbilden; unterweisen
la **preparazione**	Vorbereitung
il **perfezionamento**	Weiterbildung; Vervollständigung
il, la **praticante**	Praktikant(in)
Elsa lavora come praticante **in uno studio notarile**.	Elsa arbeitet als Praktikantin bei einem Notar.

il **capo**	Chef(in)
l'**officina**	Werkstatt
In quest'officina **non c'è nessun** apprendista.	In dieser Werkstatt gibt es keine Lehrlinge.
la **bottega**	Laden; Werkstatt
il **settore**	Bereich; Branche; Abschnitt

la **professione**	(akademischer) Beruf
Scusi, **che professione fa?**	Entschuldigung, was machen Sie beruflich?
il, la **professionista**	(nicht handwerkliche(r)) Berufstätige(r)
il **lìbero professionista**, la **lìbera professionista**	Freiberufler(in)

l'**intèrprete** *m, f*	Dolmetscher(in)
l'**avvocato**, l'**avvocatessa**	Rechtsanwalt/-anwältin
il, la **consulente fiscale**	Steuerberater(in)
il, la **giornalista**	Journalist(in)
il, la **designer** [de'zainer]	Designer(in)
l'**ingegnere**	Ingenieur(in)

il **dottore**, la **dottoressa**	Arzt, Ärztin; Doktor
il **ginecologo**, la **ginecologa**	Frauenarzt, -ärztin
l'**urologo**, l'**urologa**	Urologe, Urologin
l'**ortopedico**, l'**ortopedica**	Orthopäde, Orthopädin
il **veterinario**, la **veterinaria**	Tierarzt/-ärztin

il **fisico**	Physiker(in)
il **chimico**	Chemiker(in)
il **laboratorio**	Labor
collaborare con qu	mit jdm zusammenarbeiten; kooperieren
scegliere qu/qc	jdn/etw. (aus)wählen

l'**agente** *m, f*	Agent(in); Vertreter(in); Vermittler(in)
l'**agente di commercio**	Handelsvertreter
l'**agenzia**	Agentur
l'**agenzia viaggi**	Reisebüro
il **ragioniere**, la **ragioniera**	Buchhalter(in)
Il capo di questo reparto è il ragioniere Rizzi.	Leiter dieser Abteilung ist der Buchhalter Rizzi.
la **ragioneria**	Buchhaltung
l'**assistente** *m, f*	Assistent(in)
il, la **rappresentante**	Vertreter(in)
il **segretario**, la **segretaria**	Sekretär(in)
Il signor Rossi non c'è, ma **Le passo la sua segretaria**.	Herr Rossi ist nicht da; ich verbinde Sie mit seiner Sekretärin.
la **segreteria**	Sekretariat

la **modella**	Model, Mannequin
il **fotografo**, la **fotografa**	Fotograf(in)

l'**autista** *m, f*	Chauffeur, Fahrer(in)
il **cameriere**, la **cameriera**	Kellner(in); Zimmermädchen
Mariella **fa la cameriera**.	Mariella ist Zimmermädchen.
il **commesso**, la **commessa**	Verkäufer(in)
il **venditore**, la **venditrice**	Verkäufer(in)
il **parrucchiere**, la **parrucchiera**	Friseur(in)

il **mestiere**	(nichtakademischer) Beruf
l'**artigianato**	Handwerk
l'**artigiano**, l'**artigiana**	Handwerker(in)
esperto, a	erfahren
esigente	anspruchsvoll
l'**esigenza**	Anspruch; Erfordernis; Anforderung

l'**orologiaio**, l'**orologiaia**	Uhrmacher(in)

il **meccanico**, la **meccanica**	Mechaniker(in)
sorvegliare qu/qc	jdn/etw. überwachen
il **montaggio**	Montage; Einbau
montare	montieren; einbauen
smontare	aus-, abbauen; abmontieren

l'**elettricista** *m, f*	Elektriker(in)
il **pittore**, la **pittrice**	Maler(in), Anstreicher(in)
pitturare	anstreichen
il **falegname**	Schreiner(in), Tischler(in)
il **muratore**, la **muratrice**	Maurer(in)
l'**idraulico**, l'**idraulica**	Installateur(in); Klempner(in)
il **carpentiere**, la **carpentiera**	Zimmermann
il **tecnico**	Techniker(in)

9.4 Arbeit, Arbeitsbedingungen

lavorare	arbeiten
il **lavoro**	Arbeit
l'**impegno di lavoro**	berufliche Verpflichtung
faticoso, a	anstrengend
l'**occupazione**	Beschäftigung
specializzato, a	spezialisiert; Fach-
lavorativo, a	Arbeits-
l'**orario lavorativo**	Arbeitszeit
programmare	planen; programmieren
Dobbiamo progammare meglio i lavori.	Wir müssen die Arbeiten besser planen.
il **turno**	Schicht
A che ora sei **di turno?**	Um wie viel Uhr beginnt deine Schicht?

l'**azienda**	Unternehmen; Betrieb
l'**impresa**	Unternehmen
lo **stabilimento**	Werk
Ho sentito che chiuderanno tutti gli stabilimenti.	Ich habe gehört, dass alle Werke geschlossen werden.
fondare	gründen
la **fabbrica**	Fabrik
il **magazzino**	Lager(halle)
la **licenza**	Lizenz
Lavoriamo su licenza.	Wir arbeiten auf Lizenz.

l'**impiegato**, l'**impiegata**	Angestellte(r)
Le impiegate **escono dall'ufficio** alle 17.00.	Die weiblichen Angestellten verlassen das Büro um 17.00 Uhr.
il **lavoratore**, la **lavoratrice**	Arbeitnehmer(in); Arbeiter(in)
l'**operaio**, l'**operaia**	Arbeiter(in)

la **paga**	Lohn
l'**anticipo**	Vorschuss
La paga **non mi basta mai fino alla fine del mese**, devo chiedere sempre un anticipo.	Ich komme nie bis zum Monatsende mit meinem Lohn aus, ich muss immer um einen Vorschuss bitten.
lo **stipendio**	Gehalt
il **salario**	Lohn
la **tariffa**	Tarif
guadagnare	verdienen

la **domanda d'impiego**	Bewerbungsschreiben
l'**impiego**	Anstellung
assumere qu	jdn einstellen
licenziare qu	jdn entlassen
il **licenziamento**	Entlassung
Abbiamo paura che ci sarà **un licenziamento in massa**.	Wir haben Angst, dass es zu Massenentlassungen kommt.
la **molestia sessuale**	sexuelle Belästigung
La molestia sessuale sul posto di lavoro porta al licenziamento.	Sexuelle Belästigung am Arbeitsplatz führt zur Entlassung.

invalido, a	erwerbsunfähig
disoccupato, a	arbeitslos
Ci sono molti disoccupati in Italia?	Gibt es viele Arbeitslose in Italien?
la **disoccupazione**	Arbeitslosigkeit
la **cassa integrazione**	Arbeitslosenunterstützung
I miei amici **sono in cassa integrazione**.	Meine Freunde beziehen Arbeitslosenunterstützung.

lo **sciopero**	Streik
entrare in sciopero	in den Streik treten
fare sciopero	streiken
scioperare	streiken
il **sindacato**	Gewerkschaft
sindacale	gewerkschaftlich; Gewerkschafts-

la **collaborazione**	Zusammenarbeit
lo **sviluppo**	Entwicklung
la **concorrenza**	Konkurrenz
concorrente	Konkurrenz-

10.1 Freizeit, Hobby und Spiel

il **tempo libero**	Freizeit
uscire	ausgehen
Preferirei uscire, **cosa ne dici?**	Ich würde lieber ausgehen. Was hältst du davon?
il **passatempo**	Zeitvertreib
per passatempo	zum Zeitvertreib
l'**hobby** *m*	Hobby
preferito, a	Lieblings-; bevorzugt
l'**attività**	Aktivität; Beschäftigung
la **raccolta**	Sammlung
collezionare	sammeln
i **fumetti** *pl*	Comics
ballare	tanzen
il **ballo**	Tanzen; Tanz
la **danza**	Tanz
la **discoteca**	Diskothek
l'**entrata**	Eingang; Eintritt
la **banda musicale**	Musikkapelle; Band
il **concerto**	Konzert
l'**ambiente** *m*	Atmosphäre; Milieu
la **compagnia**	Gesellschaft; Begleitung
annoiarsi	sich langweilen
Vogliamo passare la serata **in modo da non annoiarci.**	Wir wollen den Abend so verbringen, dass wir uns nicht langweilen.
noioso, a	langweilig
monotono, a	monoton, eintönig
la **passeggiata**	Spaziergang; -fahrt
fare una passegiata	einen Spaziergang machen
la **bicicletta**	Fahrrad
andare in bicicletta	Rad fahren
il **giro**	Tour; Runde
lo verrei volentieri a **fare un giro.**	Ich würde gerne auf eine Tour mitkommen.
la **gita**	Ausflug
l'**avventura**	Abenteuer; Erlebnis
andarci	hingehen
Ci andiamo anche noi?	Schließen wir uns an?
tornare	zurückkehren; wiederkommen
la **piscina**	Schwimmbad
la (sedia a) **sdraio**	Liegestuhl
la **spiaggia**	Strand

sdraiarsi	sich hinlegen; sich ausstrecken
riposare	(aus)ruhen
le **bocce** *pl*	Boccia(spiel)
una **partita a bocce**	Partie Boccia

noleggiare	mieten
la **barca**	Boot
la **barca a remi**	Ruderboot
Noleggiamo una barca a remi?	Sollen wir ein Ruderboot mieten?
la **barca a vela**	Segelboot
la **gita in barca**	Bootsfahrt
remare	rudern
la **vela**	Segel
Ora c'è vento, tira su le vele!	Es ist Wind aufgekommen, zieh die Segel hoch!
navigare a vela	segeln
il **motoscafo**	Motorboot

godersi qc	an etw. Spaß haben
divertirsi	sich amüsieren
rilassarsi	sich entspannen
godere qc	etw. genießen
leggere	lesen
soddisfare qu ‹soddisfo›	jdn zufrieden stellen; befriedigen
soddisfatto, a (di qc)	befriedigt; zufrieden (mit etw.)

il **giocattolo**	Spielzeug
nuovo, a	neu
un **nuovo giocattolo**	ein neues (= anderes) Spielzeug
un **giocattolo nuovo**	ein (fabrik)neues Spielzeug
il **gioco**	Spiel
giocare	spielen
le **carte** *pl*	Kartenspiel
giocare a carte	Karten spielen
gli **scacchi** *pl*	Schach
la **partita a scacchi**	Schachpartie
la **fortuna**	Glück
fortunato, a	glücklich
Ma che fortunato sei! Sei proprio nato con la camicia!	Hast du einen Dusel! Du bist ein richtiger Glückspilz!

fotografare	fotografieren
la **macchina fotografica**	Fotoapparat
la **foto(grafia)**	Foto(grafie)
la **diapositiva**	Dia
il **flash** [flɛʃ]	Blitzlicht
l'**obiettivo**	Objektiv; Ziel

la **pellicola**	Film(spule)
una **pellicola** per diapositive	Diafilm
sviluppare	entwickeln
Vorrei **far sviluppare** subito le fotografie di oggi.	Ich möchte die heutigen Fotos sofort entwickeln lassen.

il **fine settimana**	Wochenende
passare	verbringen
il **passeggio**	Spaziergang
andare a **passeggio**	spazieren gehen
la **noia**	Langeweile; Ärger
Cosa possiamo fare di bello per far passare la noia?	Was können wir Schönes tun, um die Langeweile zu vertreiben?
Che noia!	Wie langweilig! Wie lästig!

frequentare qu	mit jdm verkehren; Umgang haben
Frequentate ancora i vecchi amici della spiaggia?	Habt ihr noch Kontakt zu den alten Freunden vom Strand?
frequente	häufig

10.2 *Sport*

lo **sport**	Sport
Perché non **fai un po' di sport**?	Warum treibst du nicht etwas Sport?
praticare	ausüben
sportivo, a	sportlich
l'**attrezzatura sportiva**	Sportausrüstung
lo **stadio**	Stadion
il **campo sportivo**	Sportplatz

l'**atleta** *m, f*	Athlet(in)
il, la **dilettante**	Amateursportler(in)
il, la **professionista**	Profisportler(in)
il **campione**, la **campionessa**	Meister(in)
il **campione** di tennis	Tennischampion

l'**allenamento**	Training
allenare	trainieren
l'**allenatore**, l'**allenatrice**	Trainer(in)
la **tuta (sportiva)**	Trainings-, Sportanzug

il **fisico**	Körperbau; Konstitution
la **prestazione**	Leistung
faticoso, a	anstrengend
la **fatica**	Anstrengung
fare fatica	sich mühen; Mühe haben
lo **sforzo**	Anstrengung

il **campionato**	Meisterschaft
la **gara**	Wettkampf; Wettlauf
la **partita**	Match; Partie
il **titolo**	Titel
la **medaglia**	Medaille
mondiale	Welt-
il **titolo mondiale**	Weltmeistertiltel
la **carriera**	Karriere

la **finale**	Finale, Endspiel
qualificato, a	qualifiziert
la **coppa**	Pokal
lo **scudetto**	Titel; nationale italienische Meisterschaft
La Lazio **ha vinto la Coppa Italia** nel 1998 e **lo scudetto** nel 2000.	Lazio Rom wurde 1998 italienischer Pokalsieger und 2000 Landesmeister.

vincere	siegen; gewinnen
il **vincitore**, la **vincitrice**	Sieger(in)
Il vincitore aveva il vantaggio di **giocare in casa**.	Der Sieger hatte Heimvorteil.
la **vittoria**	Sieg
superare qu/qc	jdn/etw. übertreffen; überragen; bestehen
perdere	verlieren
la **sconfitta**	Niederlage
la **rivincita**	Revanche

la **squadra**	Mannschaft
la **squadra nazionale**	Nationalmannschaft
battere	schlagen; besiegen
l'**avversario**, l'**avversaria**	Gegner(in)
l'**attacco**	Angriff
l'**attaccante** *m, f*	Angreifer(in)
la **difesa**	Verteidigung
Non vale molto **in difesa**.	In der Verteidigung taugt er nicht viel.
il **difensore**, la **difenditrice**	Verteidiger(in)

il **vantaggio**	Vorteil; Führung
Dopo cinque minuti **eravamo già in vantaggio**.	Nach fünf Minuten lagen wir schon in Führung.
lo **svantaggio**	Rückstand; Nachteil
recuperare lo svantaggio	Rückstand aufholen
pareggiare	ausgleichen; unentschieden spielen
Hanno pareggiato cinque minuti fa.	Vor fünf Minuten ist der Ausgleich gefallen.
il **pareggio**	Ausgleich

l'**arbitro**	Schiedsrichter(in)
fischiare	pfeifen
l'**intervento**	Einschreiten; Eingreifen
L'**intervento** dell'arbitro è stato corretto.	Der Schiedsrichter hat zu Recht eingegriffen.

il **percorso**	Strecke
respingere qu/qc	jdn/etw. abwehren
il **traguardo**	Ziel
raggiungere	erreichen; erzielen
l'**anticipo**	Vorsprung

la **ginnastica**	Gymnastik
la **cabina**	(Umkleide-)Kabine
lo **spogliatoio**	Umkleidekabine
la **palestra**	Turnhalle; Fitness-Center
la **cyclette** [si'klɛt]	Heimtrainer
svelto, a	flink

l'**atletica leggera**	Leichtathletik
fare **atletica leggera**	Leichtathletik betreiben
la **corsa**	Lauf
la **corsa a ostacoli**	Hürdenlauf
correre	laufen
la **maratona**	Marathon(lauf)
la **corsia**	Laufbahn
Tu dovrai correre **nella terza corsia**.	Du wirst auf Bahn drei laufen müssen.
la **staffetta**	Staffel

il **salto**	Sprung
il **salto in alto**	Hochsprung
il **salto in lungo**	Weitsprung
il **salto triplo**	Dreisprung
il **salto con l'asta**	Stabhochsprung
il **lancio del peso**	Kugelstoßen
il **lancio del giavellotto**	Speerwerfen
il **decatlon**	Zehnkampf
il **pentatlon**	Fünfkampf

il **calcio**	Fußball
il **calciatore**, la **calciatrice**	Fußballspieler(in)
il **giocatore**, la **giocatrice**	Spieler(in)
il **portiere**	Torwart; Torfrau
la **palla**	Ball
il **pallone**	Ball; Fußball

passare qc a qu	jdm etw. zuspielen
passare la palla in avanti	den Ball nach vorne passen
il **passaggio**	Pass, Ballabgabe

il **tiro**	Schuss
tirare	schießen
Chi tira i vostri calci d'angolo (di rigore)?	Wer schießt bei euch die Eckbälle (die Elfmeter)?
segnare	markieren; (Tor) erzielen
il **gol**	Tor
il **palo**	(Tor-)Pfosten

il **tempo**	Halbzeit
Nel primo tempo hanno fatto tre gol.	In der ersten Halbzeit fielen drei Tore.
la **ripresa**	zweite Halbzeit
nella ripresa	in der zweiten Halbzeit
supplementare	zusätzlich
Speriamo che non ci siano **i tempi supplementari**.	Hoffentlich gibt es keine Verlängerung.

il **motociclismo**	Motorradsport
l'**automobilismo**	Automobilsport
il **ciclismo**	Radsport
il **Giro d'Italia**	Giro d'Italia *(Radrundfahrt in Italien)*
il **tifoso**, la **tifosa**	Fan; Anhänger(in)
il **tifo**	Anfeuerung; Begeisterung der Fans
fare il tifo per	anfeuern; Fan sein von
scommettere su/con	wetten auf/mit
la **scommessa**	Wette

lo **skateboard** ['skeitbɔrd]	Skateboard
i **pattini in linea**	Inliner
i **pattini a rotelle**	Rollerskates
pattinare	Schlittschuh laufen; skaten
la **pista**	Piste; Bahn
Mi può dire, per favore, dov'è una **pista per pattinare**?	Können Sie mir bitte sagen, wo hier eine Eisbahn ist?

sciare	Ski laufen
Perché non scii più?	Warum läufst du nicht mehr Ski?
gli **sci** *pl*	Skier
lo **sci alpino**	alpiner Skilauf
lo **sci di fondo**	Skilanglauf
lo **sci nautico**	Wasserski
È possibile **fare sci nautico** in questa zona?	Kann man in dieser Gegend Wasserski fahren?
lo **snowboard** ['snoubɔrd]	Snowboard
la **slitta**	Schlitten

il **ping-pong**	Tischtennis
la **pallacanestro**	Basketball

la **pallamano**	Handball
la **pallavolo**	Volleyball
il **tennis**	Tennis
il **campo da tennis**	Tennisplatz

il **nuoto**	Schwimmsport
nuotare	schwimmen
il **trampolino**	Sprungbrett; Trampolin
tuffarsi	sich stürzen; untertauchen; springen
il **salvagente**	Rettungsring
avventuroso, a	abenteuerlich; riskant
affogare	ertrinken

la **boxe** [bɔks]	Boxen
la **lotta**	Ringen; Kampf
la **lotta libera**	Freistilringen
lottare	ringen; kämpfen
dopare	(sich) dopen

10.3 Theater, Kino, Film und Fernsehen

il **teatro**	Theater
la **commedia**	Komödie
comico, a	komisch
la **risata**	Lachen, Gelächter
l'**atto**	Akt
È una commedia **in tre atti**.	Es ist eine Komödie in drei Akten.
il **dramma**	Drama; Schauspiel
la **tragedia**	Tragödie

recitare	vortragen; aufführen; spielen
la **parte**	Teil; Rolle
Era una parte molto **difficile da recitare**.	Die Rolle war sehr schwierig zu spielen.
interpretare	interpretieren; darstellen; spielen

la **compagnia teatrale**	Ensemble
il **balletto**	Ballett
il **ballerino**, la **ballerina**	Tänzer(in)
l'**orchestra**	Orchester
il **varietà**	Varietee
magico, a	magisch; zauberhaft

il **cinema**	Kino
il **biglietto d'ingresso**	Eintrittskarte
la **biglietteria**	Kino-, Theaterkasse; Kartenschalter

il **guardaroba**	Garderobe
il **palcoscenico**	Bühne
il **palco**	Loge
Preferite **un palco**?	Wollt ihr lieber einen Logenplatz?

il **film**	Film
Al *Moderno* danno il nuovo film di Nanni Moretti.	Im *Moderno* läuft der neue Film von Nanni Moretti.
filmare	filmen
la **cinepresa**	(Film-)Kamera
girare (un film)	(einen Film) drehen
lo **schermo**	Leinwand; Bildschirm

la **regia**	Regie
il, la **regista**	Regisseur(in)
l'**attore**, l'**attrice**	Schauspieler(in)
sconosciuto, a	unbekannt
famoso, a	berühmt
favoloso, a	fabelhaft

la **rappresentazione**	Vorstellung
rappresentare	darstellen; aufführen
lo **spettacolo**	Vorstellung; Aufführung
l'**attrazione**	Attraktion
attraente	attraktiv; anziehend
divertente	amüsant
rilassante	entspannend
il **divertimento**	Unterhaltung; Amüsement; Vergnügen
Buon divertimento!	Viel Spaß! Gute Unterhaltung!
attirare	anziehen

lo **spettatore**, la **spettatrice**	Zuschauer(in)
il **pubblico**	Publikum
applaudire qu	jdm applaudieren
‹applaudo, applaudisco›	
assegnare qc a qu	jdm etw. verleihen; erteilen
Al film vincitore **viene assegnato** il Leone d'oro.	Dem Siegerfilm wird der Goldene Löwe verliehen.
assistere a	beiwohnen; teilnehmen
la **scena**	Bühne; Szene
il **circo**	Zirkus
l'**umorismo**	Humor

guardare la televisione	fernsehen
lo **schermo**	Bildschirm
il **programma**	Programm
il **canale**	Kanal
il **cavo**	Kabel
la **televisione via cavo**	Kabelfernsehen

il **satellite**	Satellit
la **telecamera**	(Fernseh-)Kamera

lo **studio**	Studio
la **trasmissione**	Sendung; Übertragung
il **servizio**	Reportage; Bericht
il **reportage** [report'aʒ]	Reportage; Bericht
la **serie**	Serie
il **(film) poliziesco**	Krimi
il **(film) giallo**	Krimi
i **cartoni animati** *pl*	Zeichentrickfilm

10.4 Feiern

la **tradizione**	Tradition
l'**uso**	Sitte, Brauch
l'**usanza**	Brauch
popolare	volkstümlich; Volks-
la **festa**	Fest; Party
la **festa mobile**	beweglicher Feiertag
festivo, a	Fest-, Feier-
il **giorno festivo**	Feiertag
festeggiare qu/qc	jdn/etw. feiern
la **festività**	Fest, Festivität
l'**anniversario**	Jahrestag
l'**anniversario di nozze**	Hochzeitstag

precedere qu/qc	jdm/etw. vorangehen
precedente	vorherig
il **giorno precedente**	am Tag davor
successivo, a	folgend
la **vigilia**	Vortag, Vorabend
Il 24 dicembre è **la vigilia di Natale.**	Am 24. Dezember ist Heiligabend.

il **Natale**	Weihnachten
Auguriamo a tutti un buon Natale ed un felice Anno Nuovo.	Wir wünschen allen ein frohes Weihnachtsfest und ein glückliches neues Jahr.
Santo Stefano	Zweiter Weihnachtsfeiertag
il **Capodanno**	Neujahr
la **Pasqua**	Ostern
la **Pasquetta**	Ostermontag
la **Pentecoste**	Pfingsten
il **carnevale**	Karneval, Fasching
la **maschera**	Maske

augurare qc a qu	jdm etw. wünschen
il **compleanno**	Geburtstag
gli **auguri**	Glückwünsche

Tanti auguri per il tuo compleanno! **Auguri!**
Herzlichen Glückwunsch zum Geburtstag! Frohes Fest!, Herzliche Glückwünsche!, Viel Glück!

dare qc a qu
jdm etw. geben

il **regalo**
Geschenk

regalare
schenken

la **befana**
Befana (*großmütterliche Fee, die in Italien zu Epiphanias nach alter Tradition die Kinder beschenkt*)

la **leggenda**
Legende

misterioso, a
geheimnisvoll

---

l'**invitato**, l'**invitata**
Gast

accogliere
empfangen

l'**ospitalità**
Gastfreundschaft

ospitare
aufnehmen, beherbergen

baciare
küssen

abbracciare
umarmen

il **bacio**
Kuss

l'**amicizia**
Freundschaft

---

la **gente**
Leute

Quanta gente avete invitato!
Habt ihr viele Leute eingeladen!

il **contatto**
Kontakt

l'**appuntamento**
Verabredung, Rendezvous; Termin

insieme
zusammen

Ci siamo dati appuntamento per andare insieme alla **festa del paese**.
Wir haben uns verabredet, um zusammen zum Dorffest zu gehen.

il **gruppo**
Gruppe

la **relazione**
Beziehung, Kontakt

essere disposto, a a
bereit sein zu

Saresti disposto a venire insieme a me alla festa del patrono?
Wärst du bereit, mit mir zum Patronatsfest zu gehen?

11.1 Reisevorbereitung, Reise

la **vacanza**	Urlaub
le **ferie** pl	Ferien; Urlaub
andare in ferie	in Urlaub fahren
i **preparativi** pl	Vorbereitungen
Federica **è tutta presa dai preparativi.**	Federica ist voll und ganz mit den Vorbereitungen beschäftigt.
la **visita**	Besuch; Besichtigung
visitare	besichtigen; besuchen
il **soggiorno**	Aufenthalt
il **visto**	Visum

il **turismo**	Tourismus
il, la **turista**	Tourist(in)
turistico, a	touristisch
il **giro turistico**	Besichtigungstour
la **guida turistica**	Reiseführer(in); Fremdenführer(in)
la **bassa stagione**	Vor-, Nachsaison
l'**alta stagione**	Hochsaison; Hauptsaison

viaggiare	reisen; bereisen
il **viaggio**	Reise
il **viaggiatore**, la **viaggiatrice**	Reisende(r)
I signori viaggiatori sono pregati di allacciare le cinture di sicurezza.	Die Fahr-/Fluggäste werden gebeten, die Sicherheitsgurte anzulegen.
l'**andata**	Hinfahrt
il **ritorno**	Rückfahrt
Volete **un biglietto di andata e ritorno?**	Wollt ihr eine Rückfahrkarte?
ritornare	zurückkehren
il **non fumatore**	Nichtraucher
il **fumatore**	Raucher
occupato, a	besetzt; belegt

l'**orario**	Fahrplan
l'**arrivo**	Ankunft
la **partenza**	Abfahrt; Abreise
La partenza è stata **rimandata di un'ora.**	Die Abreise wurde um eine Stunde verschoben.
imbarcarsi	einsteigen; an Bord gehen; sich einschiffen
la **crociera**	Kreuzfahrt

la **valigia**	Koffer
fare la valigia	den Koffer packen
disfare la valigia	den Koffer auspacken

il **bagaglio**	Gepäck
il **portabagagli**	Gepäckträger
il **deposito bagagli**	Gepäckaufbewahrung

il, la **cliente**	Kunde, Kundin
l'**agenzia viaggi**	Reisebüro
l'**acconto**	Anzahlung
l'**azienda di soggiorno**	Fremdenverkehrsbüro
il **programma**	Programm
il **tour operator** [turɔpe'reitor]	Reiseveranstalter
informarsi su qu/qc	sich über jdn/etw. informieren; sich erkundigen
l'**itinerario**	Reiseroute; Reiseplan
Vi siete informati sull'itinerario del viaggio?	Habt ihr euch über die Reiseroute informiert?
la **carta geografica**	Landkarte
il **dépliant** [depli'an]	Prospekt

la **carta stradale**	Straßenkarte
la **carta verde**	grüne Versicherungskarte
Si consiglia di portare la carta verde.	Es empfiehlt sich, die grüne Versicherungskarte dabei zu haben.
l'**autostop**	Autostopp
Facciamo l'autostop?	Fahren wir per Anhalter?

la **conferma**	Bestätigung
la **comunicazione**	Mitteilung
la **mancanza**	Fehlen
annullare	annullieren; absagen; stornieren
stornare	stornieren

11.2 Unterkunft

l'**albergo**	Hotel
l'**albergatore**, l'**albergatrice**	Hotelbesitzer(in)
la **pensione**	Pension
Conoscete **qualche pensione** vicino al mare?	Kennt ihr irgendeine Pension am Meer?
prenotare	reservieren; vorbestellen; buchen
la **prenotazione**	Vorbestellung; Buchung
La prenotazione è stata confermata ieri.	Die Buchung ist gestern bestätigt worden.
completo, a	vollständig, komplett
al completo *avv*	ausgebucht
Mi dispiace, signore, ma **siamo al completo**.	Es tut mir Leid, mein Herr, aber wir sind voll belegt.
riservato, a	reserviert

il **vitto**	Verpflegung
costoso, a	kostspielig; teuer

---

il **camera singola**
Se cerchi una camera singola,
puoi **rivolgerti** all'Hotel La
Rovere nel Vicolo Sant'Onofrio.

Einzelzimmer
Wenn du ein Einzelzimmer
suchst, kannst du dich an das
Hotel *La Rovere* in Vicolo
Sant'Onofrio wenden.

la **camera matrimoniale**
il **pernottamento**
Desiderano solo il pernottamento, **mezza pensione** o
pensione completa?
la **camera con prima
colazione**
la **sveglia telefonica**
il **voucher** ['vautʃer]

Doppelzimmer
Übernachtung
Wünschen Sie nur Über-
nachtung, Halbpension oder
Vollpension?
Zimmer mit Frühstück

Weckdienst
Voucher, Hotelgutschein

---

l'**ostello (della gioventù)**	Jugendherberge
il **sacco a pelo**	Schlafsack
il **camper** ['kamper]	Campingbus; Wohnmobil
la **roulotte** [ru'lɔt]	Wohnwagen
il **campeggio**	Camping; Campingplatz
la **tenda**	Zelt

12. Bildende Kunst, Musik, Literatur

12.1 Bildende Kunst

le **arti figurative** *pl*	Bildende Kunst
il **pittore**, la **pittrice**	Maler(in)
la **pittura**	Malerei
la **pittura moderne**	moderne Malerei
il **dipinto**	Gemälde
il **quadro**	Bild
la **cornice**	Rahmen
sostituire ‹sostituisco›	ersetzen; auswechseln
Vorrei **sostituire le cornici agli acquerelli.**	Ich würde gerne die Rahmen der Aquarelle auswechseln.
la **tela**	Leinwand
È un dipinto su tela?	Ist das Bild auf Leinwand gemalt?

il **museo**	Museum
l'**esposizione** *f*	Ausstellung
la **galleria**	Galerie
mostrare	zeigen; aufweisen
inaugurare	einweihen
l'**inaugurazione** *f*	Eröffnung; Einweihung
l'**acquisto**	Errungenschaft; Erwerb
acquistare	erwerben
l'**originale** *m*	Original
Questa è davvero **una copia** perfetta dell'originale.	Dies ist tatsächlich eine perfekte Kopie des Originals.
il **critico d'arte**	Kunstkritiker(in)
il, la **custode**	Museumswärter(in)

il **disegno**	Zeichnung
disegnare	zeichnen
dipingere	malen
l'**acquerello**	Aquarell
l'**affresco**	Fresko, Freske
Hai già visto gli affreschi della Cappella Sistina?	Hast du schon die Fresken der Sixtinischen Kappelle gesehen?
colorato, a	farbig
il **ritratto**	Portrait
l'**espressione** *f*	Ausdruck

il **monumento**	Denkmal; Monument
classico, a	klassisch
rinascimentale	Renaissance-
barocco, a	Barock-, barock
contemporaneo, a	zeitgenössisch
Non mi piace l'arte barocca, **preferisco quella** contemporanea.	Die Barockkunst sagt mir nicht zu, die zeitgenössische ist mir lieber.

la **scultura**   Skulptur; Bildhauerei
lo **scultore**, la **scultrice**   Bildhauer(in)
scolpire ‹scolpisco›   (be)hauen; (ein)meißeln;
                                         schnitzen

il **mosaico**   Mosaik
restaurare   restaurieren
  Hanno restaurato il Cenacolo   Das „Abendmahl" von
  di Leonardo da Vinci.   Leonardo da Vinci ist
                                           restauriert worden.

l'**arco**   (Triumph-)Bogen
il **tesoro**   Schatz
  L'Italia **è piena di tesori d'arte**.   Italien ist voller Kunstschätze.

12.2 Musik

l'**artista** *m, f*   Künstler(in)
la **musica**   Musik
  la **musica classica**   klassische Musik
  la **musica pop**   Popmusik
il, la **musicista**   Musiker(in)
musicale   musikalisch

la **nota**   Note
  Sai leggere le note?   Kannst du Noten lesen?
il **suono**   Klang
il **tono**   Ton; Klang
la **tonalità**   Tonart
la **scala (musicale)**   Tonleiter
maggiore   Dur
minore   Moll
la **chiave**   Notenschlüssel

il **compositore**, la **compositrice** Komponist(in)
la **composizione**   Komposition
il **direttore d'orchestra**   (Orchester-)Dirigent(in)
dirigere   dirigieren
  Chi dirige stasera?   Wer dirigiert heute Abend?
la **melodia**   Melodie
l'**armonia**   Harmonie
la **sinfonia**   Sinfonie
sinfonico, a   Sinfonie-, sinfonisch

lo **strumento musicale**   Musikinstrument
il **piano(forte)**   Klavier
l'**organo**   Orgel
il **tasto**   Taste

il **violino**   Violine, Geige
la **corda**   Saite

suonare — spielen; erklingen
Veronica **sa suonare** il violino. — Veronica kann Geige spielen.
la **chitarra** — Gitarre
Ti piace di più la chitarra elettrica o **quella** classica? — Hörst du lieber Elektrogitarre oder klassische?
il **flauto** — Flöte
la **tromba** — Trompete
la **batteria** — Schlagzeug
il **tamburo** — Trommel

l'**opera** — Oper
la **voce** — Stimme
Che bella voce! Dovresti studiare canto. — Was für eine schöne Stimme! Du solltest Gesang studieren!
cantare — singen
il, la **cantante** — Sänger(in)
la **canzone** — Lied
il **tenore** — Tenor
il **soprano** — Sopran
il **basso** — Bass
l'**aria** — Arie
le arie più celebri **delle opere** di Mozart — die berühmtesten Arien aus den Opern Mozarts

il **concorso** — Wettbewerb; Aufnahmetest
Ha vinto un posto di studio **con un concorso.** — Er hat den Studienplatz durch einen Wettbewerb bekommen.
brillante — glänzend
il **successo** — Erfolg
il **conservatorio** — Konservatorium

12.3 Literatur

la **letteratura** — Literatur
Conosco bene **sia** la letteratura tedesca **che quella** italiana. — Sowohl die deutsche als auch die italienische Literatur kenne ich gut.

lo **scrittore**, la **scrittrice** — Schriftsteller(in)
l'**autore**, l'**autrice** — Autor(in)
il **narratore**, la **narratrice** — Erzähler(in)
l'**opera** — Werk
l'**elaborazione** f — Ausarbeitung; Gestaltung

la **lirica** — Lyrik
ispirare qu — jdn inspirieren
Sembra che sia stata una donna bellissima **ad ispirargli** la sua lirica. — Eine wunderschöne Frau soll seine Lyrik inspiriert haben.
il **poeta**, la **poetessa** — Dichter(in)

i poeti romantici tedeschi	die deutschen Dichter der Romantik
la **poesia**	Gedicht; Dichtung
il **volume**	Band

il **verso**	Vers
lo **stile**	Stil
il **simbolo**	Symbol
il **ritmo**	Rhythmus
la **rima**	Reim
Non fa rima.	Das reimt sich nicht.

il **romanzo**	Roman
il **racconto**	Erzählung
l'**introduzione** f	Einleitung; Einführung
la **novella**	Novelle
la **favola**	Märchen
Avete già letto le favole dei fratelli Grimm?	Habt ihr schon die Märchen der Gebrüder Grimm gelesen?
il **diario**	Tagebuch
il **capolavoro**	Meisterwerk
I diari di Ernst Jünger sono dei capolavori.	Ernst Jüngers Tagebücher sind Meisterwerke.
la **lettura**	Lektüre
importante	wichtig

il **dramma**	Drama
la **commedia**	Komödie
la **tragedia**	Tragödie
il, la **protagonista**	Hauptperson

la **biblioteca**	Bibliothek
il **lettore**, la **lettrice**	Leser(in)
la **libreria**	Buchhandlung
il **libro**	Buch
il **(libro) giallo**	Kriminalroman; Krimi
Se passi in libreria, comprami qualche libro giallo.	Wenn du in die Buchhandlung gehst, kauf mir ein paar Krimis!
la **copertina**	Buchdeckel; Umschlag

il **rilievo**	Bedeutung
mettere qc in rilievo	etw. hervorheben
la **traduzione**	Übersetzung
il **talento**	Talent
il **premio**	Preis
Sai chi ha vinto il Premio Campiello quest'anno?	Weißt du, wer dieses Jahr den Premio Campiello bekommen hat?

13. Geschichte, Religion, Philosophie

13.1 Geschichte

la **storia**	Geschichte
storico, a	historisch
lo **storico**	Historiker(in)
l'**epoca**	Epoche
antico, a	antik; ehemalig
l'**antichità**	Antike; Altertum
medioevale	mittelalterlich
il **Medioevo**	Mittelalter

il **regno**	Königreich
la **corona**	Krone
il **re**, la **regina**	König(in)
il **principe**, la **principessa**	Fürst(in); Prinz, Prinzessin
l'**impero**	Kaiserreich; Imperium
romano, a	römisch
l'**impero romano**	das Römische Reich
l'**imperatore**, l'**imperatrice**	Kaiser(in)
il **duca**, la **duchessa**	Herzog(in)

la **colonna**	Säule
la **rovina**	Ruin, Untergang
le **rovine** *pl*	Ruinen
gli **scavi** *pl*	Ausgrabungen
Questi scavi **meritano di essere visti.**	Diese Ausgrabungen lohnen eine Besichtigung.

il **Cinquecento**	16. Jahrhundert
Il **Cinquecento** è un secolo molto importante per l'arte italiana.	Das 16. Jahrhundert ist sehr wichtig für die italienische Kunst.
il **Rinascimento**	Renaissance
il **Risorgimento**	Risorgimento *(Zeit der italienischen Staatsgründung im 19. Jh.)*
la **resistenza**	Widerstand; Widerstandsbewegung
rovesciare	stürzen
l'**unità**	Einheit
moderno, a	modern
il **progresso**	Fortschritt

lo **splendore**	Glanz
la **fortuna**	Glück
sovrano, a	souverän
l'**influenza**	Einfluss

invadere	überfallen; eindringen
l'**invasione** *f*	Invasion
sconfiggere	besiegen

l'**erede** *m, f*	Erbe, Erbin
ereditare qc da qu	von jdm etw. erben
l'**eredità** *f*	Erbschaft; Erbe

la **cultura**	Kultur
la **civiltà**	Kultur
colto, a	gebildet
grande	groß(artig)
la **grandezza**	Größe
enorme	enorm; außerordentlich

ricco, a	reich
la **ricchezza**	Reichtum
povero, a	arm
la **povertà**	Armut
lo **schiavo**, la **schiava**	Sklave, Sklavin

13.2 Religion

Dio	Gott
Tu **credi in** Dio?	Glaubst du an Gott?
divino, a	göttlich
celeste	himmlisch
il **dio**, la **dea**	Gott, Göttin
gli **dei pagani**	heidnische Götter
lo **spirito**	Geist
il **santo**, la **santa**	Heilige(r)
il **patrono**	Schutzpatron
santo, a	heilig
il **santo patrono**	der Schutzheilige
sacro, a	heilig; kirchlich

la **fede**	Glaube
Gente di poca fede!	Ihr Kleingläubigen!
il, la **fedele**	Gläubige(r)
la **religione**	Religion
religioso, a	religiös

l'**anima**	Seele
pregare	beten; bitten
la **preghiera**	Gebet
Il bambino **dice le sue pre-ghiere tutte le sere.**	Das Kind spricht jeden Abend seine Gebete.
la **candela**	Kerze
Ho acceso una candela a Sant'Antonio.	Ich habe dem heiligen Antonius eine Kerze angezündet.

felice	glücklich
la **felicità**	Glückseligkeit

la **sorte**	Schicksal; Geschick
il **destino**	Schicksal; Fügung
sopportare	ertragen
destinare a	bestimmen zu/für

la **prospettiva**	Perspektive
la **speranza**	Hoffnung
sperare in	hoffen auf

il **battesimo**	Taufe
la **comunione**	Kommunion
la **Prima Comunione**	Erstkommunion
la **cresima**	Firmung; Konfirmation

Cristo	Christus
cristiano, a	christlich
Gesù	Jesus
la **croce**	Kreuz
il **segno**	Zeichen
fare il segno della croce	sich bekreuzigen
risorgere	(wieder) auferstehen
Cristo è risorto il terzo giorno.	Christus ist am dritten Tage wieder auferstanden.
il **miracolo**	Wunder
la **bibbia**	Bibel
il **vangelo**	Evangelium

la **virtù**	Tugend
la **carità**	Barmherzigkeit; Almosen
Facciamo la carità a quella povera donna.	Wir geben dieser armen Frau ein Almosen.
il **prossimo**	Nächste(r)
sacrificare qu/qc	jdn/etw. opfern
il **sacrificio**	Opfer

il **paradiso**	Paradies
l'**angelo**	Engel
il **canto**	Gesang, Lied
il **coro**	Chor

l'**inferno**	Hölle
il **diavolo**	Teufel
Non lasciarti tentare dal diavolo!	Lass dich nicht vom Teufel in Versuchung führen!
il **peccato**	Sünde
pentirsi di	bereuen
Mi pento dei miei peccati.	Ich bereue meine Sünden.
pentito, a	reuig
confessarsi	beichten
Non basta confessarsi, bisogna essere pentiti.	Es genügt nicht zu beichten, man muss Reue empfinden.

assolvere qu da qc	jdn von etw. freisprechen
la **grazia**	Gnade
fare la grazia a qu	jdn erhören
la **misericordia**	Barmherzigkeit

cattolico, a	katholisch; Katholik(in)
il **papa**	Papst
il **vescovo**	Bischof
il **cardinale**	Kardinal
il **prete**	Priester
I preti cattolici non **possano** sposarsi.	Katholische Priester dürfen nicht heiraten.
il **parroco**	Pfarrer
il **sacerdote**	Priester, Geistlicher
il **monaco**, la **monaca**	Mönch, Nonne
il **frate**	Ordensbruder
il **convento**	Kloster
la **suora**	Nonne, Ordensschwester
farsi suora	Nonne werden

la **chiesa**	Kirche
il **duomo**	Dom
la **campana**	Glocke
il **campanile**	Glockenturm

la **messa**	Messe
predicare	predigen
benedire	segnen
Dio ti benedica!	Gott segne dich!
l'**altare** *m*	Altar

la **sinagoga**	Synagoge
(l')**ebreo, a**	jüdisch; hebräisch; Jude, Jüdin
il **tempio**	Tempel
la **cattedrale**	Kathedrale
la **cappella**	Kapelle

la **setta**	Sekte
segreto, a	geheim
il **segreto**	Geheimnis

13.3 Philosophie

la **filosofia**	Philosophie
il **filosofo**, la **filosofa**	Philosoph(in)

la **categoria**	Kategorie
la **concezione di**	Idee; Auffassung von
il **principio**	Prinzip
l'**elemento**	Element

elementare	elementar; ursprünglich
essenziale	wesentlich
la **teoria**	Theorie
il **metodo**	Methode
l'**esperienza**	Erfahrung

il **morale**	Moral; Stimmung
la **morale**	Moral; Sittenlehre; Ethik
morale	moralisch
la **filosofia morale**	Moralphilosophie
individuale	individuell
l'**essere** *m*	Wesen
umano, a	menschlich
l'**essere umano**	menschliches Wesen

il **pensiero**	Gedanke
occuparsi di	sich beschäftigen mit
la **coscienza**	Bewusstsein; Gewissen
fondamentale	grundsätzlich

assoluto, a	absolut
relativo, a	relativ
reale	real; wirklich
la **realtà**	Wirklichkeit
immaginario, a	imaginär

logico, a	logisch
il **diritto**	Recht
i **diritti degli altri**	die Rechte anderer
razionale	rational; vernunftbegabt; zweckmäßig
la **ragione**	Vernunft
ragionare	denken; Vernunft anwenden; argumentieren; überlegen
ragionare con calma	gelassen argumentieren

il **motivo**	Motiv; Grund
valido, a	gültig
la **validità**	Gültigkeit

14. Staat, Gesellschaft, Politik

14.1 Innenpolitische Ordnung

lo **Stato**	Staat
statale	staatlich
il **territorio**	Territorium; Staatsgebiet
il **popolo**	Volk
il **potere**	Macht

il **sistema**	System
la **repubblica**	Republik
la **democrazia**	Demokratie
democratico, a	demokratisch
il **dominio**	Herrschaft
la **monarchia**	Monarchie
difendere	verteidigen

le **elezioni** *pl*	Wahlen
l'**elettore**, l'**elettrice**	Wähler(in)
eleggere qu	jdn wählen
votare	wählen; abstimmen
il **voto**	Stimme; Votum
favorevole	günstig
il **favore**	Gunst
A favore di chi voterai?	Für wen wirst du stimmen?
il **referendum**	Referendum; Volksabstimmung
l'**elenco**	Liste; Register
il **bollettino**	Bulletin; Bericht
Hai letto l'ultimo **bollettino** regionale?	Hast du den letzten Bericht zur Lage der Region gelesen?

la **politica**	Politik
il **politico**	Politiker(in)
il, la **presidente**	Präsident(in)
il **Presidente della Repubblica**	Staatspräsident
il **Presidente del Consiglio**	*offizieller Titel des italienischen Regierungschefs*
il **dittatore**	Diktator

il **Capo del Governo**	Regierungschef(in)
il **governo**	Regierung
governare	regieren
cadere	fallen, stürzen
il, la **portavoce**	Regierungssprecher(in)
la **caduta**	Fall, Sturz
corrotto, a	korrupt; bestochen
ritirarsi da	zurücktreten; sich zurückziehen

il **parlamento**	Parlament
l'**opposizione** *f*	Opposition
il **deputato**, la **deputata**	Abgeordnete(r)

Il parlamento italiano è composto dalla **Camera dei Deputati** e dal **Senato**.	Das italienische Parlament besteht aus dem Abgeordnetenhaus und dem Senat.
il **partito**	Partei
il **membro**	Mitglied
socialista	sozialistisch
il, la **fascista**	Faschist(in)

la **sede**	Sitz
la **Camera dei deputati**	Abgeordnetenhaus
La Camera dei deputati italiana conta attualmente 630 membri.	Das italienische Abgeordnetenhaus zählt zur Zeit 630 Mitglieder.
il **senato**	Senat
Il Senato **ha sede** a Palazzo Madama.	Sitz des Senats ist der Palazzo Madama.
il **ministero**	Ministerium
il **ministro**	Minister(in)
la **maggioranza**	Mehrheit
la **minoranza**	Minderheit

la **critica**	Kritik
la **riforma**	Reform
pubblico, a	öffentlich
privato, a	privat
Sono in atto molte riforme del diritto pubblico e di **quello** privato.	Zur Zeit laufen viele Reformen des öffentlichen Rechts und des Privatrechts.

14.2 Öffentliche Verwaltung

l'**organizzazione** *f*	Organisation
l'**amministrazione** *f*	Verwaltung
l'**istituzione** *f*	Institution; Einrichtung
l'**autorità pubblica**	Behörde
il **municipio**	Rathaus
l'**ufficio**	Amt; Büro
il **sindaco**	Bürgermeister
la **carica**	Amt; Stellung
in carica	im Amt; amtierend
la **funzione**	Funktion; Tätigkeit
la **burocrazia**	Bürokratie

il **certificato**	Bescheinigung
il **certificato di nascita**	Geburtsurkunde
il **certificato di residenza**	Meldebescheinigung
il **certificato di buona condotta**	polizeiliches Führungszeugnis
la **residenza**	Wohnsitz
la **residenza fissa**	fester Wohnsitz

principale	hauptsächlich; Haupt-
la **dichiarazione**	Erklärung
l'**anagrafe** *f*	Einwohnermeldeamt
l'**ufficio dello stato civile**	Standesamt

federale	Bundes-
la **regione**	Region *(Bundesland)*
L'Italia è divisa in venti regioni.	Italien ist in zwanzig Regionen unterteilt.
regionale	regional
l'**amministrazione regionale**	Regionalverwaltung
la **misura**	Maßnahme; Maß
Queste misure sono state prese dall'amministrazione regionale.	Diese Maßnahmen wurden von der Regionalverwaltung getroffen.
la **provincia**	Provinz *(Landkreis)*
il **capoluogo**	Landeshauptstadt, Kreisstadt
il **comune**	Gemeinde
Ogni provincia è divisa in comuni.	Jede Provinz ist in Gemeinden untergliedert.
comunale	kommunal; Gemeinde-

residente	wohnhaft
Io sono un'italiana **residente all'estero**.	Ich bin Italienerin mit Wohnsitz im Ausland.
l'**abitante** *m, f*	Einwohner(in)
il **cittadino**, la **cittadina**	Bürger(in)
libero, a	frei
l'**assistenza sociale**	Sozialfürsorge

la **nomina**	Ernennung
nominare	nennen; ernennen
l'**incarico**	Auftrag
incaricare qu di fare qc	jdn beauftragen etw. zu tun

la **polizia**	Polizei
l'**agente di polizia** *m, f*	Polizeibeamter/-beamtin
Gli agenti di polizia hanno **indagato sul** caso.	Die Polizeibeamten haben den Fall untersucht.
il **poliziotto**, la **poliziotta**	Polizist(in)
la **manifestazione**	Veranstaltung; Demonstration
la **polizia stradale**	Verkehrspolizei
la **multa**	Geldstrafe
fare la multa a qu	jdn mit einer Geldstrafe belegen
la **questura**	Polizeipräsidium
svolgere	durchführen
l'**inchiesta**	Untersuchung
Chi è stato **incaricato di svolgere** l'inchiesta?	Wer wurde mit der Durchführung der Untersuchung beauftragt?

14.3 Gesetze, Rechtsprechung, Kriminalität

la **costituzione**	Verfassung
il **codice**	Gesetzbuch
il **codice civile**	Bürgerliches Gesetzbuch
il **codice penale**	Strafgesetzbuch
lo **statuto**	Statut, Satzung
la **giustizia**	Justiz
legale	legal; gesetzlich
la **legge**	Gesetz
il **vigore**	(Rechts-)Kraft
essere/mettere in vigore	in Kraft sein/setzen
violare	übertreten; verletzen

obbligare qu a fare qc	jdn verpflichten etw. zu tun
proteggere	beschützen
la **protezione**	Schutz
affidare qc a qu	anvertrauen
il **tutore**	Vormund
la **tutela**	Sorgerecht
I figli **sono stati affidati alla tutela** della madre.	Das Sorgerecht für die Kinder wurde der Mutter zugesprochen.

il **tribunale**	Gericht
la **pretura**	Amtsgericht
la **carta da bollo**	Stempelpapier *(notwendig für amtliche Bescheinigungen oder Anträge)*
Dovete **presentare** la domanda **in carta da bollo** alla pretura.	Ihr müsst den Antrag auf Stempelpapier beim Amtsgericht einreichen.
la **corte**	Gerichtshof; Gericht
riunirsi	zusammentreten, sich versammeln
riunire ‹riunisco›	(wieder) vereinen; versammeln

la **lite**	(Rechts-)Streit
il, la **rappresentante in giudizio**	Prozessbevollmächtigte(r)
il **mandato**	Vollmacht
testimoniare	bezeugen
la **testimonianza**	Zeugenaussage
l'**interrogatorio**	Verhör; Befragung
deporre	aussagen
la **deposizione**	Aussage
il **compromesso**	Kompromiss; Vergleich

il **processo**	Prozess

svolgersi	ablaufen; vonstatten gehen
Il processo si svolgerà **a porte chiuse**.	Der Prozess wird unter Ausschluss der Öffentlichkeit stattfinden.
rinviare a	verschieben, vertagen auf
Il processo **è stato rinviato** a marzo.	Der Prozess wurde auf März verschoben.
sospẹndere qu/qc	etw. aussetzen; einstellen; jdn suspendieren
la **sospensione**	Suspendierung; Aussetzung
la **cạusa**	Verfahren; Sache

civile	Zivil-
il **diritto civile**	Zivilrecht
penale	Straf-
il **diritto penale**	Strafrecht
accusare qu di qc	jdn wegen etw. anklagen/ beschuldigen
l'**accusa**	Anklage; Anschuldigung
revocare	widerrufen
punire ‹punisco›	bestrafen
Chi testimonia il falso verrà punito.	Wer falsch aussagt, wird bestraft.

l'**imputato**, l'**imputata**	Angeklagte(r)
il, la **testimone**	Zeuge, Zeugin
il **giụdice**	Richter(in)
il **procuratore della Repụbblica**	Staatsanwalt
la **Procura della Repubblica**	Staatsanwalt
condannare	verurteilen
la **sentenza**	Urteil
l'**ergạstolo**	lebenslängliche Freiheitsstrafe

il **cạrcere**	Gefängnis
la **prigione**	Gefängnis
la **cella**	Zelle
il **detenuto**, la **detenuta**	Häftling
la **sicurezza**	Sicherheit
sicuro, a	sicher
fuggire da	fliehen vor/aus
la **fuga**	Flucht
inseguire	verfolgen
la **scomparsa**	Verschwinden

il, la **criminale**	Kriminelle(r), Verbrecher(in)
la **truffa**	Betrug
ingannare	täuschen
il **reato**	Delikt; Straftat
Di che reato **lo accusano?**	Welcher Straftat wird er beschuldigt?

il **delitto**	Delikt; Verbrechen
commettere	begehen
il, la **delinquente**	Verbrecher(in)

la **banda**	Bande
il **teppismo**	Rowdytum
il **ladro**, la **ladra**	Dieb(in)
rubare qc a qu	jdm etw. stehlen
violentare	vergewaltigen
ricattare	erpressen
il **ricatto**	Erpressung
l'**omicidio**	Mord
uccidere	umbringen
mortale	tödlich

lo **spaccio**	illegaler Handel
spacciare	vertreiben; dealen
il **furto**	Diebstahl
la **rapina**	Raubüberfall
rapire ‹rapisco›	entführen
il **rapimento**	Entführung
liberare	befreien

l'**indagine** *f*	Untersuchung; Ermittlung
indagare su	nachforschen; ermitteln
Si sta indagando sulle cause dell'incidente.	Die Ursachen des Unfalls werden gerade untersucht.
denunciare qu/qc	jdn/etw. anzeigen
Avete già denunciato il fatto?	Habt ihr die Sache schon angezeigt?
la **traccia**	Spur
l'**inquirente**	Ermittler
il **sospetto**	Verdacht
arrestare	festnehmen
l'**ordine di cattura**	Haftbefehl
la **prova**	Beweis
provare	beweisen
innocente	unschuldig

il, la **terrorista**	Terrorist(in)
sparare (su; qu)	schießen (auf); (jdn) erschießen
Dicono che siano stati in due a sparare.	Es heißt, zwei Täter hätten geschossen.
il **colpo**	Schlag; Schuss
la **pistola**	Pistole
il **fucile**	Gewehr
il colpo di fucile	Gewehrschuss
sequestrare	beschlagnahmen
isolare	isolieren
l'**isolamento**	Isolation

tradire ‹tradisco›	verraten; betrügen
il **tradimento**	Verrat
la **mafia**	Mafia
la **commissione antimafia**	Anti-Mafia-Ausschuss

l'**allarme** *m*	Alarm
l'**impianto d'allarme**	Alarmanlage
allarmare	alarmieren

14.4 Internationale Beziehungen

il **mondo**	Welt
unire ‹unisco›	vereinen; vereinigen
l'**unione** *f*	Einheit; Einigkeit; Union
la **nazione**	Nation
l'**integrazione** *f*	Integration; Eingliederung
la **comunità**	Gemeinschaft
l'**Unione Europea (UE)**	Europäische Union (EU)
gli **Stati membri dell'Unione Europea**	Mitgliedstaaten der Europäischen Union
l'**Unione Monetaria**	Währungsunion
lo **Stato partecipante**	Teilnehmerstaat
soddisfare	erfüllen
fallire	verfehlen
il **trattato**	völkerrechtlicher Vertrag

la **riunione**	Versammlung
la **conferenza**	Konferenz
Dove avrà luogo la conferenza?	Wo wird die Konferenz stattfinden?
il **congresso**	Kongress; Tagung
internazionale	international
le **relazioni internazionali**	internationale Beziehungen

il **dialogo**	Dialog
il dialogo fra i popoli europei	der Dialog zwischen den europäischen Völkern
la **discussione**	Diskussion
la **posizione**	Position; Standpunkt
sfidare qu	jdn herausfordern
la **sfida**	Herausforderung
le **sanzioni**	Sanktionen

autonomo, a	autonom
l'**indipendenza**	Unabhängigkeit
negoziare qc	über etw. verhandeln
la **trattativa**	Verhandlung
il **vertice**	Gipfel
l'**incontro al vertice**	Gipfeltreffen

disporre	disponieren; verfügen
la **disposizione**	Anordnung; Verfügung
Bisogna rispettare le disposizioni **in vigore.**	Man muss die geltenden Verfügungen beachten.

l'**ambasciata**	Botschaft
l'**ambasciatore**, l'**ambasciatrice**	Botschafter(in)
diplomatico, a	diplomatisch
progredire ‹progredisco›	fortschreiten, sich fortentwickeln
la **solidarietà**	Solidarität

l'**ostaggio**	Geisel
il **riscatto**	Lösegeld
torturare	foltern
l'**esilio**	Exil
andare in esilio	ins Exil gehen
il **campo profughi**	Flüchtlingslager
l'**asilo**	Asyl

14.5 Frieden, Krieg, Militär

la **pace**	Frieden
i **negoziati per la pace**	Friedensverhandlungen
il **trattato di pace**	Friedensvertrag
l'**ONU**	UNO
neutrale	neutral
la **commissione**	Kommission
il **disarmo**	Abrüstung
la **commissione per il disarmo**	Abrüstungskommission
il **regolamento**	Reglement; Vorschrift; Ordnung

militare	militärisch; Militär-
il **servizio militare**	Militärdienst
l'**esercito**	Heer
I carabinieri **fanno parte** dell'esercito.	Die Carabinieri sind Teil des Heeres.
la **marina**	Marine
l'**aviazione militare** *f*	Luftwaffe

l'**ufficiale** *m*	Offizier
il **generale**	General
il **soldato**, la **soldatessa**	Soldat(in)

la **caserma**	Kaserne
la **divisa**	Uniform
la **marcia**	Marsch
la **manovra**	Manöver

il **maresciallo**	Marschall; Unteroffizier der Carabinieri
il **carabiniere**	Carabiniere; Gendarm

combattere (qu/qc)	kämpfen; (jdn/etw.) bekämpfen
il **carro armato**	Panzer
la **mina**	Mine
il **missile**	Rakete
il **missile intercontinentale**	Interkontinentalrakete
lanciare	werfen; abschießen
lanciare un missile	eine Rakete abfeuern
l'**arma**	Waffe
armato, a	bewaffnet
la **bomba**	Bombe
l'**atomo**	Atom
atomico, a	atomar
la **bomba atomica**	Atombombe
esplodere	explodieren
l'**esplosione** *f*	Explosion

il **conflitto**	Konflikt
l'**aggressione** *f*	Aggression
l'**assalto**	Angriff; Überfall
la **guerra**	Krieg
la **violenza**	Gewalt
la **vittima**	Opfer
fare vittime	Opfer fordern

sfollare	räumen; evakuieren
distruggere	zerstören
conquistare	erobern
la **conquista**	Eroberung
l'**occupazione** *f*	Besatzung
arrendersi	sich ergeben
la **resa**	Kapitulation
il **prigioniero**, la **prigioniera**	Kriegsgefangene(r)

resistere a	Widerstand leisten
la **resistenza**	Widerstand; Widerstandsbewegung
il **nemico**, la **nemica**	Feind(in)
ritirarsi da	sich zurückziehen aus
il **riparo**	Schutz; Abhilfe; Deckung
al riparo	geschützt
il **partigiano, a**	Partisan(in)

15. Wirtschafts- und Geschäftsleben

15.1 Landwirtschaft und Fischerei

la **campagna**	Land
l'**agricoltura**	Landwirtschaft
l'**agricoltore** *m*	Landwirt
agricolo, a	landwirtschaftlich
il **contadino**, la **contadina**	Bauer, Bäuerin
la **fattoria**	Bauernhof

piantare	pflanzen
seminare	säen
coltivare	anbauen
Questo campo è **coltivato a** grano.	Auf diesem Feld wird Korn angebaut.
mietere	mähen
tagliare	schneiden; mähen
cogliere	ernten
Cominceremo a cogliere gli agrumi in autunno.	Im Herbst beginnen wir, die Zitrusfrüchte zu ernten.
il **raccolto**	Ernte

la **produzione**	Produktion
il **prodotto**	Produkt
naturale	natürlich
genuino, a	echt; natürlich; unverfälscht
È una produzione genuina garantita.	Es handelt sich um ein garantiert natürliches Erzeugnis.
ricavare qc da	etw. erzielen; herausholen aus

il **terreno**	Grund; Boden
fertile	fruchtbar
il **concime**	Dünger
la **vegetazione**	Vegetation
l'**orto**	Gemüsegarten

il **campo**	Feld
la **coltivazione**	Anbau; Bestellung
la **coltivazione biologica**	biologischer Anbau
la **coltura**	Anbau; Kultur
Questo terreno non è adatto per la coltura del frumento.	Der Boden ist für den Anbau von Weizen nicht geeignet.
il **trattore**	Traktor
l'**aratro**	Pflug
Bisogna lavorare il terreno con l'aratro prima di seminare.	Vor der Aussaat muss die Erde gepflügt werden.

l'**allevamento**	Viehzucht
la **stalla**	Stall
la **paglia**	Stroh
il **fieno**	Heu

l'**erba**	Gras
il **prato**	Wiese
il **pascolo**	Weidefläche

la **vigna**	Weinberg
la **vite**	Weinstock
la **vendemmia**	Weinlese
la **cooperativa**	Genossenschaft
Portiamo alla cooperativa **tutto quello che ricaviamo dai campi.**	Den Gesamtertrag unserer Felder bringen wir zur Genossenschaft.

il **pescatore**, la **pescatrice**	Fischer(in)
la **pesca**	Fischfang
la **flotta da pesca**	Fischereiflotte
pescare	fischen
la **rete**	Netz
il **(moto)peschereccio**	Fischkutter
l'**industria del pesce**	Fischindustrie

15.2 Industrie und Handel

l'**industria**	Industrie
l'**industria pesante**	Schwerindustrie
l'**industria metallurgica**	Metallindustrie
l'**industria automobilistica**	Automobilindustrie
industriale	industriell, Industrie-
produrre	produzieren
la **tecnica**	Technik
attribuire qc a ‹attribuisco›	etw. zuschreiben
Tutto questo progresso viene attribuito alle nuove tecniche.	Der ganze Fortschritt wird der modernen Technik zugeschrieben.
il **rendimento**	Leistung

la **fiera**	Messe
La fiera resterà aperta dal 15 al 21 aprile.	Die Messe ist vom 15. bis 21. April geöffnet.
l'**apertura**	Öffnung
L'orario di apertura e chiusura dei negozi in Italia è abbastanza libero.	Die Ladenöffnungszeiten sind in Italien wenig reglementiert.
la **chiusura**	Schließung

il **commercio**	Handel; Geschäft
rendere	einbringen; einträglich sein
Il nostro commercio non rende molto.	Unser Geschäft bringt nicht viel ein.
la **merce**	Ware
il **fabbisogno**	Bedarf

procurare qc a qu	jdm etw. besorgen
la **domanda**	Nachfrage
l'**offerta**	Angebot
superiore	höher(e, es)
La domanda è **superiore** all'offerta.	Die Nachfrage übersteigt das Angebot.
inferiore	niedrige(r, s)
il **consumatore**, la **consumatrice**	Verbraucher(in)

l'**ordine** m	Bestellung; Auftrag
Avete ricevuto il nostro ordine?	Haben Sie unsere Bestellung erhalten?
il **listino prezzi**	Preisliste
in base al listino prezzi	gemäß der Preisliste
richiedere	zurückverlangen; erfordern; beantragen
fornire ‹fornisco›	liefern

l'**importazione** f	Import
importare	importieren
l'**esportazione** f	Export
esportare	exportieren

il **rifornimento**	Versorgung; Nachschub
le **materie prime** pl	Rohstoffe
alimentare con	versorgen mit
alimentato a nafta	mit Öl betrieben
aumentare	erhöhen; steigen
L'importazione è **aumentata** del tre percento.	Der Import hat um drei Prozent zugenommen.
il **produttore**, la **produttrice**	Produzent(in)

il, la **commerciante**	Händler(in); Kaufmann, Kauffrau
commerciale	Handels-, kommerziell
il **marchio**	Marke; Warenzeichen
il **profitto**	Profit; Gewinn
approfittare di	profitieren von
la **perdita**	Verlust
il **conto dei profitti e delle perdite**	Gewinn- und Verlust-rechnung

la **ditta**	Firma
l'**insegna**	Firmenschild
spettabile	sehr geehrte(r)
Spettabile ditta Martini – Piazza Diaz 31 – 20122 Milano	An Firma Martini – Piazza Diaz 31 – 20122 Mailand (spettabile *ist eine in Geschäftsbriefen übliche Formel*)

il **socio**, la **socia**	Gesellschafter(in)
la **società**	Gesellschaft
la **società a responsabilità limitata (s.r.l.)**	GmbH
la **società per azioni (s.p.a.)**	AG

la **contabilità**	Buchführung
tenere la **contabilità**	die Buchführung erledigen
il **bilancio**	Bilanz; Jahresabschluss
pronto, a (a)	fertig; bereit (zu)
La chiusura del **bilancio** deve essere **pronta per il 31** dicembre.	Der Bilanzabschluss muss bis zum 31. Dezember vorliegen.
il **fallimento**	Misserfolg; Konkurs
La ditta Magli **ha fatto fallimento già un anno fa**.	Die Firma Magli ist schon vor einem Jahr in Konkurs gegangen.
il **percento**	Prozent

l'**inventario**	Inventur; Bestandsaufnahme; Inventar
Avete già fatto **l'inventario della merce?**	Habt ihr schon Inventur gemacht?
l'**assortimento**	Sortiment; Bestand
la **liquidazione**	Ausverkauf; Abwicklung
in **liquidazione**	im Ausverkauf
il **preventivo**	Kostenvoranschlag
la **riduzione**	Abnahme; Senkung
ridurre	herabsetzen; reduzieren
a buon mercato *avv*	preiswert
gratis	gratis

15.3 *Geld, Banken*

la **valuta**	Währung
le **divise ęstere** *pl*	ausländische Währungen
valere	wert sein
il **denaro**	Geld
i **soldi** *pl*	Geld
la **moneta**	Münze; Geldstück
una **moneta da 1 euro**	eine 1-Euro-Münze
incassare	(ein)kassieren; einziehen
la **somma**	Summe; Betrag

la **banca**	Bank
la **banca centrale europea**	Europäische Zentralbank
il **bancomat**	Geldautomat
l'**euro**	Euro
il **centęsimo**	(Euro-)Cent
cambiare	wechseln

Scusi, mi può cambiare **un biglietto da** cento euro?	Entschuldigung, können Sie einen Hundert-Euro-Schein wechseln?
il **cambio**	Wechsel(kurs)
il **franco**	Franken
il **dollaro**	Dollar

il **risparmio**	Ersparnis
la **cassa di risparmio**	Sparkasse
il **libretto di risparmio**	Sparbuch
risparmiare	(ein)sparen
il **conto corrente**	Girokonto
trasferire ‹trasferisco›	übertragen
Perché non trasferisci l'importo sul conto corrente?	Warum überträgst du nicht den Betrag auf das Girokonto?
il **capitale**	Kapital

l'**eurocheque** *m* [euro'ʃɛk]	Euroscheck
la **carta di credito**	Kreditkarte
Questa carta di credito viene accettata quasi dappertutto.	Diese Kreditkarte wird fast überall akzeptiert.
l'**assegno**	Scheck
Mi dispiace, ma non accettiamo assegni.	Tut mir Leid, aber wir nehmen keine Schecks.
l'**ordine di bonifico**	Überweisungsauftrag
versare	überweisen; einzahlen

il **debito**	Schuld; Verbindlichkeit
il **debitore**, la **debitrice**	Schuldner(in)
il **credito**	Kredit; Forderung
fare credito a qu	jdm Kredit gewähren
il **creditore**, la **creditrice**	Gläubiger(in)
il **prestito**	Darlehen
prestare qc a qu	jdm etw. leihen
Potresti **prestarci** l'importo?	Könntest du uns den Betrag leihen?

il **tasso**	Satz; Rate
l'**interesse** *m*	Zins
abbassare	senken
rialzare	erhöhen
la **crescita**	Wachstum
l'**attivo**	Haben
il **passivo**	Soll
L'anno scorso **la ditta ha lavorato in passivo**, ma quest'anno **sarà in attivo**.	Vergangenes Jahr war die Firma in den roten Zahlen, aber dieses Jahr wird sie Gewinne erzielen.

il **compenso**	Entgelt; Entschädigung
minimo, a	minimal; Mindest-

massimo, a	maximal; Höchst-
effettuare	tätigen; ausführen; durchführen
Il pagamento deve essere effettuato **entro il 15 del mese**.	Die Zahlung hat bis zum 15. des Monats zu erfolgen.
netto	netto
lordo	brutto

l'**affare** m	Geschäft
l'**importo**	Betrag
l'**operazione** f	Transaktion, Geschäft
finanziare qu/qc	jdn/etw. finanzieren
il **costo**	Kosten; Aufwendung
il **calcolo**	Berechnung
la **ricevuta**	Quittung; Erhalt
Eccole la ricevuta!	Da haben Sie Ihre Quittung!
riscuotere qc	etw. einlösen; beziehen; gutgeschrieben bekommen

l'**azione** f	Aktie
il **mercato azionario**	Aktienmarkt
l'**emissione di azioni**	Aktienausgabe
l'**opzione** f	Option
il **reddito**	Rendite; Einnahme
l'**investimento**	Investition
finanziario, a	finanziell; Finanz-
il **mercato finanziario**	Kapitalmarkt
la **borsa**	Börse

il **fisco**	Fiskus; Staatskasse
fiscale	Steuer-, steuerlich
l'**agevolazione fiscale**	Steuererleichterung
la **tassa**	Gebühr; Steuer; Abgabe
le **tasse** pl	Steuern
la **dichiarazione delle tasse**	Steuererklärung

15.4 Versicherungswesen

l'**assicurato**, l'**assicurata**	Versicherungsnehmer(in); Versicherte(r)
l'**assicurazione** f	Versicherung
l'**assicurazione sulla vita**	Lebensversicherung
Voglio **fare un'assicurazione sulla vita**.	Ich will eine Lebensversicherung abschließen.
l'**assicurazione contro gli infortuni**	Unfallversicherung
l'**assicurazione contro i rischi di responsabilità civile**	Haftpflichtversicherung
l'**assicurazione della tutela legale**	Rechtsschutzversicherung
l'**assicurazione lungodegenza**	Pflegeversicherung

assicurare qu/qc	jdn/etw. versichern

la **polizza**	Police
coprire	decken
La polizza copre i danni dell'assicurato fino ad un milione.	Die Police deckt die Schäden des Versicherten bis zu einer Million.
il **rischio**	Risiko
la **garanzia**	Haftung; Garantie
garantire per qu/qc; qc ‹garantisco›	für jdn/etw. haften; etw. garantieren
escludere	ausschließen
l'**infortunio**	Unfall
il **danno**	Schaden

la **denuncia**	Meldung
reclamare	reklamieren; fordern
rivendicare	fordern; beanspruchen
il **risarcimento**	Entschädigung
risarcire qu ‹risarcisco›	jdn entschädigen
l'**indennità**	Entschädigung
l'**indennizzo**	Schadensersatz; Entschädigung

rispondere di qc	für etw. haften; aufkommen
provvedere a qc	für etw. sorgen; etw. vornehmen
Non ha provveduto in tempo alla denuncia del sinistro.	Sie haben die Schadensmeldung nicht rechtzeitig vorgenommen.
sistemare qc	etw. regeln; in Ordnung bringen
regolare	regeln; begleichen; regulieren

la **mutua**	Krankenkasse
iscritto, a	eingeschrieben
Siamo iscritti alla mutua degli artigiani.	Wir sind bei der Handwerkerkrankenkasse eingeschrieben.
la **tessera**	Ausweis; (Kenn-)Karte; Versichertenkarte
il **certificato medico**	ärztliches Attest
l'**obbligo**	Verpflichtung
obbligare qu a qc	jdn zu etw. verpflichten

la **pensione**	Pension
il **diritto alla pensione**	Rentenanspruch
il **pensionato**, la **pensionata**	Rentner(in)
gli **assegni familiari** *pl*	Kindergeld; Familienbeihilfe

i **dati personali** *pl*	Angaben zur Person
il **contratto**	Vertrag
contrattuale	vertraglich
la **firma**	Unterschrift

16.1 Telekommunikation

la **telecomunicazione**	Fernmeldewesen; Telekommunikation
la **Telecom**	Telekom
la **telefonata**	Telefongespräch
la **telefonata urbana**	Ortsgespräch
urgente	dringend
Devo fare una telefonata molto urgente.	Ich muss ein sehr dringendes Telefongespräch führen.
l'**interurbana**	Ferngespräch
l'**elenco telefonico**	Telefonbuch
le **pagine gialle** *pl*	Gelbe Seiten

il **telefono**	Telefon
il **telefonino**	Handy
il **cellulare**	Handy
il **messaggino**	SMS, Kurzmitteilung
l'**allacciamento**	Anschluss
via **cavo**	Kabel…
il **cordless** ['kɔrdles]	schnurloses Telefon
digitale	digital

telefonare a qu	telefonieren; anrufen
il **prefisso**	Vorwahl
Qual è il prefisso per la Germania? – 0049.	Wie ist die Vorwahl von Deutschland? – 0049.
Ricordati che ora in Italia serve sempre il prefisso, anche per le telefonate urbane.	Denk bitte daran, dass in Italien jetzt immer die Vorwahl nötig ist, auch bei Ortsgesprächen.
il **numero (di telefono)**	(Telefon-)Nummer
staccare	abheben; aushängen
il **ricevitore**	Hörer
fare il numero	wählen
sbagliare (numero)	sich verwählen
Mi scusi, ho sbagliato numero!	Entschuldigen Sie bitte, ich habe mich verwählt!
riattaccare	auflegen

la **comunicazione**	Verbindung
la **linea**	Leitung
interrompere	unterbrechen
pronto	hallo
Pronto, chi parla?	Hallo, wer spricht da bitte?
– Qui è casa Bertini, chi desidera?	– Hier ist Familie Bertini. Wen möchten Sie sprechen?
passare qu a qu	verbinden; durchstellen
Attenda un attimo, Le passo il signor Herweck.	Einen Augenblick, ich verbinde Sie mit Herrn Herweck.

la **cabina telefonica**	Telefonzelle
la **scheda telefonica**	Telefonkarte
il **telefono a scheda**	Kartentelefon
il **gettone**	Jeton
il **telefono a gettoni**	Münztelefon
lo **scatto**	Gebühreneinheit

il **segnale acustico**	Piepton
squillare	läuten
lo **squillo**	Klingeln
la **segreteria telefonica**	Anrufbeantworter
Dopo il terzo squillo **risponde la segreteria telefonica.**	Nach dem dritten Klingeln schaltet sich der Anrufbeantworter ein.
la **mail box** ['meilbɔks]	Mailbox

la **radiomobile**	Mobilfunk
la **licenza**	Lizenz
il **telefax**	Telefax

16.2 Post

la **posta**	Post
la **lettera**	Brief
il **destinatario**, la **destinataria**	Empfänger(in)
il, la **mittente**	Absender(in)
il **codice di avviamento postale**	Postleitzahl
la **casella postale**	Postfach

la **raccomandata**	Einschreiben
l'**espresso**	Eilbrief
la **postacelere**	Eilzustellung
via aerea	Luftpost
per via aerea	per Luftpost

il **francobollo**	Briefmarke
I francobolli li puoi comprare sia alla posta che dal tabaccaio.	Du kannst Briefmarken sowohl bei der Post als auch beim Tabakhändler kaufen.
affrancare	frankieren
l'**affrancatura**	Frankierung
inviare	schicken
consegnare	zustellen
il **contrassegno**	Nachnahme
per contrassegno	per Nachnahme
fermo posta	postlagernd

il **postino**, la **postina**	Briefträger(in)
il **corriere**	Kurier

la **cassetta delle lettere**	(Haus-)Briefkasten
la **buca delle lettere**	Briefkasten
Questa busta **non entra nella** **buca delle lettere.**	Dieser Umschlag passt nicht in den Briefkasten.
impostare	einwerfen, aufgeben
imbucare	einwerfen
vuotare	(ent)leeren

la **corrispondenza**	Post; Korrespondenz
egregio, a	sehr geehrte(r)
Egregio Sig. Russo	Sehr geehrter Herr Russo
la **cartolina**	Ansichtskarte
la **cartolina postale**	Postkarte
il **pacco**	Paket
il **pacchetto**	Päckchen
il **telegramma**	Telegramm
mandare	schicken
spedire ‹spedisco›	absenden

il **modulo**	Formular
Si prega di riempire il modulo in stampatello.	Das Formular bitte in Druckschrift ausfüllen!
a/in stampatello	in Druckschrift; in Blockschrift
il **bollo**	Stempel
il **timbro**	Stempel
timbrare	stempeln
lo **sportello**	Schalter
A quale sportello **si fanno i telegrammi?**	An welchem Schalter kann man Telegramme aufgeben?
firmare	unterschreiben
la **banca postale**	Postbank

16.3 Radio, Fernsehen und andere Tonträger

la **radio**	Radio
il **giornale radio**	Rundfunknachrichten
la **notizia**	Nachricht; Meldung
le **ultime notizie**	neueste Meldungen
la **cronaca**	Berichterstattung
trasmettere	senden; ausstrahlen

accendere	anschalten; anstellen
Accendi la radio, voglio sentire **il giornale radio delle** 13.00.	Stell das Radio an, ich will die 13-Uhr-Nachrichten hören.
ricevere qu/qc	jdn/etw. empfangen
Il mio apparecchio riceve **le onde lunghe, medie, corte e ultracorte.**	Mein Gerät empfängt Lang-, Mittel-, Kurz- und Ultrakurzwelle.
ascoltare qu/qc	jdm/etw. (zu)hören
l'**ascoltatore**, l'**ascoltatrice**	Hörer(in)

il **volume**	Lautstärke
Abbassa il volume, per favore!	Mach bitte leiser!
spegnere	ausschalten; ausmachen

la **televisione**	Fernsehen
la **radiotelevisione**	Radio und Fernsehen
RAI-TV è il nome della radio-	RAI-TV ist der Name der
televisione italiana.	italienischen Rundfunk-
	und Fernsehanstalt.
il **televisore**	Fernsehapparat
la **telecamera**	Fernsehkamera
il **telecomando**	Fernbedienung
fare lo zapping	zappen

la **stazione (televisiva)**	(Fernseh-)Sender
il **canale**	Kanal; Programm
il **telegiornale**	Fernsehnachrichten
il, la **telecronista**	Fernsehreporter(in)
il **conduttore**, la **conduttrice**	Moderator(in)
condurre qc	etw. (durch)führen; leiten;
	moderieren
Quella trasmissione è **stata**	Die Sendung wurde
condotta in modo indecente.	miserabel moderiert.

collegare con qu/qc	mit jdm/etw. verbinden;
	(zusammen)schalten
il **collegamento**	Verbindung; Schaltung
diretto, a	direkt
la **trasmissione in diretta**	Direktübertragung
rilasciare qc	etw. gewähren
l'**intervista**	Interview
rilevare qc	etw. feststellen; erkennen
L'**intervista rilasciata** dal	Das Interview, das der Gene-
segretario del partito **ha fatto**	ralsekretär der Partei gegeben
rilevare un programma	hat, lässt ein wirklich interes-
davvero interessante.	santes Programm erkennen.
intervistare qu	jdn interviewen
la **conferenza stampa**	Pressekonferenz

il **programma**	Programm
il **programma di intratteni-**	Unterhaltungssendung
mento	
l'**interruzione** f	Unterbrechung
lo **spot pubblicitario**	Werbespot
la **pubblicità**	Werbung
l'**esclusiva**	Exklusivrechte
lanciare	lancieren
ottenere	bekommen; erzielen; erreichen
lo **scandalo**	Skandal

l'**impianto stereo**	Stereoanlage

il **lettore di compact disc**	CD-Spieler
il **compact disc (CD)**	CD
il **disco**	Schallplatte
il **registratore (a cassette)**	Kassettenrekorder

il **videoregistratore**	Videorekorder
la **videocassetta**	Videokassette
registrare qc	etw. aufnehmen
Se vuoi **registrarlo devi sbrigarti**, il film sta per cominicare.	Wenn du den Film aufnehmen willst, musst du dich beeilen, er fängt gleich an.

l'**antenna**	Antenne
via satellite	über Satellit
Ricevete anche voi le trasmissioni via satellite?	Empfangt ihr auch Übertragungen per Satellit?
l'**allacciamento via cavo**	Kabelanschluss

16.4 Presse

i **mass media** *pl* [mas'midja]	Massenmedien
la **stampa**	Presse
la **libertà di stampa**	Pressefreiheit
l'**agenzia di stampa**	Presseagentur
stampare	drucken
il **giornale**	Zeitung
il **quotidiano**	Tageszeitung
il **settimanale**	Wochenzeitung
la **rivista**	Illustrierte; Zeitschrift
uscire	erscheinen
la **casa editrice**	Verlag(shaus)

il **giornalaio**, la **giornalaia**	Zeitungshändler(in)
l'**edicola**	Zeitungskiosk
Se quell'edicola è chiusa, puoi andare dal giornalaio di Via Roma.	Wenn der Kiosk geschlossen ist, kannst du auch zu dem Zeitungshändler in der Via Roma gehen.
abbonarsi a qc	etw. abonnieren
Gli italiani non **amano abbonarsi ad un quotidiano**.	Die Italiener abonnieren nicht gerne eine Tageszeitung.
abbonato, a	abonniert; Abonnent
l'**abbonamento**	Abonnement, Abo
aggiornarsi	sich auf dem Laufenden halten; sich weiterbilden
È ora che ti aggiorni un po'.	Es wird Zeit, dass du dich ein wenig informierst.

l'**articolo**	Artikel
il **rapporto**	Bericht

l'**avviso**	Meldung; Mitteilung
l'**inserzione** f	Inserat; Anzeige
Perché non **metti un'inserzione sul giornale?**	Warum setzt du kein Inserat in die Zeitung?
l'**annuncio**	Annonce

la **rubrica**	Rubrik
la **colonna**	Kolumne
l'**editoriale** m	Leitartikel
la **lettera all'editore**	Leserbrief
pubblicitario, a	Werbe-
la **campagna pubblicitaria**	Werbekampagne
influenzare	beeinflussen

il **fatto**	Faktum; Tatsache
l'**avvenimento**	Ereignis
autentico, a	authentisch; echt
il, la **giornalista**	Journalist(in)
rivelare qc a qu	enthüllen; entdecken
riportare qc	etw. berichten
illustrare qc	etw. illustrieren; schildern

il **particolare**	Detail
il **confronto**	Vergleich
la **tendenza**	Tendenz
la **situazione**	Lage; Situation

l'**attualità**	Aktualität
Cerco un **buon settimanale d'attualità** italiano.	Ich suche eine gute italienische Wochenzeitschrift.
attuale	aktuell
recente	neu; aktuell

l'**opinione pubblica**	öffentliche Meinung; Öffentlichkeit
pubblicare	veröffentlichen
la **pubblicazione**	Veröffentlichung; Publikation

16.5 Multimedia, Computer

il **computer** [kom'pjuter]	Computer
multimediale	Multi-Media-tauglich
il **laptop** ['læptɔp]	Laptop
il **notebook** ['noutbuk]	Notebook
il **traduttore elettronico**	Übersetzungscomputer
andare in crash [krɛʃ]	abstürzen

l'**hard disc** m	Festplatte
la **memoria**	Speicher; Gedächtnis
memorizzare	speichern

la **capacità**	Kapazität
Che capacità ha la memoria del tuo computer?	Welche Speicherkapazität hat dein Computer?

il **software** ['sɔftwer]	Software
l'**elaborazione** f	Verarbeitung
Quale sofware usi per l'**elaborazione dei testi?**	Welches Textverarbeitungsprogramm verwendest du?
la **copia**	Kopie; Exemplar
la **copia pirata**	Raubkopie
il **floppy (disk)**	Diskette
Puoi memorizzare tutto sul floppy.	Du kannst alles auf Diskette speichern.
il **CD-ROM**	CD-ROM

la **stampante**	Drucker
lo **scanner** ['skanner]	Scanner
scannerizzare	(ein)scannen
il **masterizzatore (di CD)**	Brenner

la **password** ['pasword]	Passwort
il **file** [fail]	Datei
la **segnalazione di errore**	Fehlermeldung
cliccare	(an)klicken
il **comando**	Steuerung, Befehl; Kommando
il **mouse** [maus]	Maus
digitare	Tastatur betätigen, eingeben
la **barra spaziatrice**	Leertaste, Blank

la **programmazione**	Programmierung
l'**informatica**	Informatik
l'**informatico, a**	Informatiker(in)

l'**Internet** m	Internet
navigare in Internet	im Internet surfen
on-line [ɔn'lain]	online
il **motore di ricerca**	Suchmaschine
l'**homepage** f ['houmpeidʒ]	Homepage
E-mail (la casella di posta elettronica) [i'meil]	E-Mail
l'**ipertesto**	Hypertext
scaricare	downloaden
l'**utente** m/f	User

il **modem**	Modem
il **provider** [prɔ'vaider]	Provider
il **browser** ['brauzer]	Browser
incompatibile	inkompatibel
il **microprocessore**	Mikroprozessor
il **byte** [bait]	Byte

17. Verkehr, Verkehrsmittel

17.1 Individualverkehr

la **macchina**	Auto; Wagen
l'**autovettura**	PKW
il **fuoristrada**	Geländewagen
la **station wagon**	Kombi(wagen)
['stɛʃon'wɛgon]	

l'**automobilista** *m, f*	Autofahrer(in)
guidare	lenken; Auto fahren
la **scuola guida**	Fahrschule
la **patente**	Führerschein
il **libretto di circolazione**	Zulassung; KFZ-Schein
scaduto, a	abgelaufen

la **ruota**	Rad
la **ruota di scorta**	Ersatzrad
il **pneumatico**	Reifen
il **cric**	Wagenheber

il **volante**	Lenkrad; Steuer
tenere	(fest)halten
Ti prego di tenere il volante	Halt das Lenkrad bitte mit
con **tutte e due le mani**.	beiden Händen!
l'**airbag** [ɛr'bɛg] *m*	Airbag

il **sedile**	Sitz
il **seggiolino (per bambini)**	Kindersitz
la **cintura di sicurezza**	Sicherheitsgurt
allacciare	schließen; zubinden
Allaccia la cintura di sicurezza!	Leg den Sicherheitsgurt an!
il **poggiatesta**	Kopfstütze; Nackenstütze

il **tettuccio apribile**	Schiebedach
l'**aria condizionata**	Klimaanlage
la **chiusura centralizzata**	Zentralverriegelung
il **tergicristallo**	Scheibenwischer

il **fanale**	Leuchte; Scheinwerfer, Licht
il **faro**	Scheinwerfer
gli **abbaglianti** *pl*	Fernlicht
gli **anabbaglianti** *pl*	Abblendlicht

la **targa**	Nummernschild
il **paraurti**	Stoßstange
Non è successo niente, avete	Es ist nichts passiert, ihr habt
solo toccato il paraurti.	nur die Stoßstange berührt.
anteriore	Vorder-
l'**asse anteriore**	Vorderachse
la **trazione anteriore**	Vorderradantrieb

posteriore	Hinter-
il **parafango**	Kotflügel

il **motore**	Motor
potente	kraftvoll; stark; leistungsfähig
i **cavalli** *pl*	PS
Quanti cavalli ha questo motore?	Wieviel PS hat dieser Motor?
la **marmitta catalitica**	Katalysator
il **rumore**	Lärm, Geräusch
la **marcia**	Gang
cambiare marcia	(um)schalten
avanti	vorwärts
indietro	rückwärts
la **marcia indietro**	Rückwärtsgang
andare a marcia indietro	im Rückwärtsgang fahren

il **clacson**	Hupe
il **cambio**	Schaltung; Getriebe
il **cambio automatico**	Automatikgetriebe
la **frizione**	Kupplung
il **freno**	Bremse
frenare	bremsen
rallentare	abbremsen
accelerare	beschleunigen

l'**autofficina**	Autoreparaturwerkstätte
C'è una buona autofficina da queste parti?	Ist hier in der Nähe eine gute Werkstätte?
il **guasto**	Schaden; Defekt
riparare	reparieren
la **riparazione**	Reparatur
il **carro attrezzi**	Abschlepp-/Pannenwagen
rimorchiare	abschleppen
l'**autonoleggio**	Autovermietung

la **moto(cicletta)**	Motorrad
il **motorino**	Mofa, Moped
il **casco**	Sturzhelm
Anche in Italia c'è l'obbligo di mettere il casco.	Auch in Italien besteht Helmpflicht.
lo **scooter**	(Motor-)Roller

il **traffico**	Verkehr
la **circolazione**	Straßenverkehr
la **precedenza**	Vorfahrt
Attenzione, quella macchina ha la precedenza!	Achtung, das Auto dort hat Vorfahrt!
proseguire	weiterfahren; fortfahren
proseguire a bassa velocità	mit gedrosselter Geschwindigkeit weiterfahren

la sosta	Halt; Aufenthalt
Non puoi sostare qui, **c'è divieto di sosta continuo**.	Du kannst hier nicht stehen bleiben, es besteht Halteverbot.

la direzione	Richtung
Sei sicuro che **stiamo seguendo** la direzione giusta?	Bist du sicher, dass wir in die richtige Richtung fahren?
voltare	umkehren; wenden
svoltare	abbiegen; wenden
sorpassare	überholen
il sorpasso	Überholvorgang
la curva	Kurve
la buca	(Schlag-)Loch; Graben; Grube
la continuazione	Fortsetzung; Beständigkeit
La galleria **ci impediva di** vedere la continuazione della strada.	Der Tunnel hat uns gehindert, den weiteren Verlauf der Straße zu erkennen.

il semaforo	Ampel
girare a sinistra	links abbiegen
il cartello	Schild
il segnale	Signal; Verkehrsschild
segnalare qc a qu	anzeigen; melden; signalisieren
la strettoia	Engpass
la deviazione	Umleitung
la barriera	Schranke; Sperre
il senso unico	Einbahnstraße
la salita	Steigung
la discesa	Abfahrt; Gefälle
Attenzione, discesa pericolosa!	Achtung, gefährliches Gefälle!

l'autostrada	Autobahn
gli cartelli per l'autostrada	Autobahnschilder
l'autogrill m	Raststätte
Ci fermiamo al prossimo autogrill, d'accordo?	Wir halten an der nächsten Raststätte an, einverstanden?
la fila	Reihe; Schlange
l'indicazione f	Angabe; Hinweis

la velocità	Geschwindigkeit
il limite di velocità	Geschwindigkeitsbeschränkung
il controllo radar	Radarkontrolle
l'autovelox m	Radargerät
la prova del tasso alcolico	Alkoholtest
la contravvenzione	gebührenpflichtige Verwarnung
fare la contravvenzione a qu	jdm einen Strafzettel verpassen

il, la **vigile**	Verkehrspolizist(in)

l'**incidente** *m*	Unfall
lo **scontro**	Zusammenstoß
urtare contro	stoßen; kollidieren mit
l'**(auto)ambulanza**	Krankenwagen
l'**elicottero**	Hubschrauber
trascinare	schleppen
spingere	(an)schieben; drücken; stoßen

il **distributore (di benzina)**	Tankstelle
la **benzina**	Benzin
fare benzina	tanken
il **serbatoio**	Tank
il **pieno**	Tankfüllung
fare il pieno	voll tanken
Mi faccia il pieno, per favore!	Voll tanken bitte!
la **(benzina) super**	Super(benzin)
la **benzina verde**	bleifreies Benzin
senza piombo	bleifrei
Mi faccia il pieno di super senza piombo, per favore!	Bitte mit Super bleifrei volltanken!
il **gasolio**	Diesel
La mia macchina **va a gasolio**.	Mein Auto läuft mit Diesel.
non tossico	schadstofffrei

17.2 Öffentliches Verkehrswesen

la **stazione (centrale)**	(Haupt-)Bahnhof
accompagnare	begleiten; (hin)bringen
il **treno**	Zug
il **passeggero**, la **passeggera**	Fahrgast; Passagier
il **biglietto**	Fahrkarte; Flugschein
il **supplemento**	Zuschlag
il **controllore**	Schaffner(in)

il **marciapiede**	Bahnsteig
il **binario**	Gleis
Il treno **per** Firenze **parte dal binario** 12.	Der Zug nach Florenz fährt auf Gleis 12 ab.
l'**altoparlante** *m*	Lautsprecher
il **ritardo**	Verspätung
in ritardo	verspätet
la **coincidenza**	Anschluss
perdere la coincidenza	den Anschluss verpassen
il **portabagagli**	Gepäckträger

il **vagone**	Waggon
la **carrozza**	(Eisenbahn-)Wagen
il **vagone letto**	Schlafwagen

il **vagone ristorante**	Speisewagen
Il vagone ristorante **è in coda.**	Der Speisewagen befindet sich am Zugende.
la **classe**	Klasse
lo **scompartimento**	Abteil
il **finestrino**	(Zug-)Fenster
sporgersi da	sich hinauslehnen aus
È vietato sporgersi dai finestrini.	Nicht hinauslehnen!

la **ferrovia**	Eisenbahn
le **Ferrovie dello Stato** *pl*	(Italienische) Staatsbahn
il **pendolino**	Pendolino *(Zug mit Neigetechnik)*
il **treno merci**	Güterzug
la **locomotiva**	Lokomotive
la **locomotiva a vapore**	Dampflokomotive

partire	abfahren; abreisen
fermarsi	anhalten; stehen bleiben; sich aufhalten
durare	dauern

avviarsi	sich auf den Weg machen; sich anschicken
la **distanza**	Entfernung
il **chilometro**	Kilometer
lento, a	langsam
rapido, a	schnell
veloce	schnell
dritto *avv*	geradeaus
sempre dritto	immer geradeaus
la **destra**	die rechte Seite
a destra	(nach) rechts
la **sinistra**	die linke Seite
a sinistra	(nach) links

il **tassì**, il **taxi**	Taxi
il **tram**	Straßenbahn
la **metropolitana**	U-Bahn
il **bus**	Bus
il **pullman**	Reisebus
la **fermata**	Haltestelle

l'**aereo**	Flugzeug
l'**aeroporto**	Flughafen
la **compagnia aerea**	Fluggesellschaft
il **capitano**	(Flug-)Kapitän
il, la **pilota**	Pilot(in)
l'**assistente di volo/bordo** *mf*	Flugbegleiter(in)
l'**equipaggio**	Besatzung

il **volo**	Flug
lo **scalo**	(Zwischen-)Landung; Landeplatz
Questo volo è diretto, non faremo scalo.	Dies ist ein Direktflug, wir machen keine Zwischenlandung.
la **rotta**	Route
cambiare rotta	eine andere Route nehmen
atterrare	landen
l'**atterraggio (di fortuna)**	(Not-)Landung
trasportare	transportieren
il **trasporto**	Transport(wesen); Beförderung
l'**azienda di trasporti**	Transportunternehmen
l'**autocarro**	Lastwagen
l'**autotreno**	Lastzug
la **spedizione**	Versand; Beförderung
rimborsare qc a qu	jdm etw. (zurück)erstatten; zurückzahlen
Puoi farti rimborsare le spese di spedizione?	Kannst du dir die Versandkosten zurückerstatten lassen?
il **carico**	Ladung
carico, a	voll; beladen
caricare di	(be)laden mit
Abbiamo finito di caricare.	Wir sind mit dem Beladen fertig.
scaricare	entladen; abladen
la **nave**	Schiff
il **traghetto**	Fähre
imbarcare	einschiffen; verladen
imbarcarsi	an Bord gehen
sbarcare	an Land gehen
la **dogana**	Zoll
sbarrare	versperren
la **sbarra**	Schranke

18. Natur, Umwelt, Ökologie

18.1 Weltall, Erde

la **terra**	Erde
terrestre	irdisch
extraterrestre	außerirdisch
lo **spazio**	(Welt-)Raum
spaziale	Raum-; Weltraum-; räumlich
l'**universo**	Universum
infinito, a	unendlich

il **sole**	Sonne
solare	Sonnen-; solar-
il **raggio**	Strahl; Radius
luminoso, a	leuchtend
tramontare	untergehen
il **tramonto (del sole)**	(Sonnen-)Untergang
il **sorgere (del sole)**	Sonnenaufgang
sorgere	aufgehen
A che ora **tramonta oggi** il sole? – Non lo so, ma so che è sorto alle **6 e 15**.	Um wie viel Uhr ist heute Sonnenuntergang? – Keine Ahnung, aber ich kann dir sagen, dass sie um 6.15 Uhr aufgegangen ist.

l'**astronauta** *m, f*	Astronaut(in)
Neil Armstrong è il primo astronauta che **ha messo piede** sulla luna.	Neil Armstrong betrat als erster Mensch den Mond.
l'**astronave** *f*	Raumschiff
avviare	starten
la **mancanza di gravità**	Schwerelosigkeit

il **pianeta**	Planet
scoprire	entdecken; aufdecken
allo scoperto	im Freien
la **scoperta**	Entdeckung
lo **scopo**	Zweck; Ziel
l'**esistenza**	Existenz
esistere	existieren
la **stella**	Stern
la **luna**	Mond
la luna piena	Vollmond
l'**astronomia**	Astronomie

18.2 Geographie

la **geografia**	Erdkunde, Geographie
il **mappamondo**	Weltkarte; Globus
il **continente**	Erdteil; Kontinent

il **polo**	Pol
il **polo nord**	Nordpol
il **polo sud**	Südpol
il **meridiano**	Meridian, Längengrad
Il meridiano zero passa per Greenwich.	Der Null-Meridian verläuft durch Greenwich.

il **nord**	Norden
Il lago di Garda si trova **nell'Italia del nord**.	Der Gardasee liegt in Norditalien.
settentrionale	nördlich; Nord-
il **sud**	Süden
a sud di Monaco	südlich von München
meridionale	südlich; Süd-
Nell'Italia meridionale ci sono molti vulcani. **In quella settentrionale** invece le montagne più alte.	In Süditalien gibt es viele Vulkane. Im Norden hingegen liegen die höchsten Gebirge.
l'**est** m	Osten
orientale	östlich
l'**ovest** m	Westen
occidentale	westlich

il **paesaggio**	Landschaft
la **superficie**	Oberfläche
La penisola italiana ha una superficie di 301.278 kmq (chilometri quadrati).	Die italienische Halbinsel erstreckt sich über eine Gesamtfläche von 301.278 Quadratkilometern.
la **zona**	Gegend
estendersi da … à	sich erstrecken von … bis
il **luogo**	Ort
Vorrei abitare in un **luogo sul mare**.	Ich möchte irgendwo am Meer wohnen.
la **pianura**	Ebene
la **valle**	Tal

la **collina**	Hügel
la **montagna**	Gebirge
il **monte**	Berg
circondare	umgeben
La valle **è circondata da** alti monti.	Das Tal ist von hohen Bergen umgeben.
la **cima**	Gipfel
in cima al monte	auf dem Gipfel des Berges
la **roccia**	Felsen
il **ghiacciaio**	Gletscher

la **foresta**	Wald
il **bosco**	Wald
il **deserto**	Wüste

vasto, a	weit; ausgedehnt
Al posto delle vaste foreste di un tempo adesso non c'è che deserto.	Wo sich früher ausgedehnte Wälder erstreckten, ist heute nur noch Wüste.
ampio, a	weit; groß; breit; geräumig
la **solitudine**	Einsamkeit

il **vulcano**	Vulkan
il **terremoto**	Erdbeben
la **scossa**	Erdstoß; Erschütterung
la **valanga**	Lawine
la **frana**	Erdrutsch

il **mare**	Meer
mediterraneo, a	Mittelmeer-; mediterran
l'**oceano**	Ozean
marino, a	Meeres-; Meer-
la **marea**	Gezeit
la **bassa marea**	Ebbe
l'**alta marea**	Flut
il **lago**	See
il **golfo**	Golf
Il Golfo di Napoli è uno dei più belli d'Italia.	Der Golf von Neapel ist einer der schönsten Italiens.
lo **stretto**	Meerenge
la **riva**	Ufer; Küste
in riva al mare	am Meeresstrand
la **costa**	Küste

l'**isola**	Insel
la **penisola**	Halbinsel
lo **scoglio**	Felsen; Klippe
la **grotta**	Grotte
l'**orizzonte** m	Horizont
sparire ‹sparisco›	verschwinden

il **fiume**	Fluss
scorrere	fließen
pescare	fischen
attraversare	überqueren; durchqueren
attraverso	(quer) durch
la **cascata**	Wasserfall
la **sorgente**	Quelle

18.3 Klima, Wetter

il **tempo**	Wetter
Che tempo fa da voi?	Wie ist das Wetter bei euch?
il **clima**	Klima
l'**alta pressione**	Hochdruck

la **bassa pressione**	Tiefdruck
la **previsione**	Vorhersage
il **bolletino meteorologico**	Wetterbericht
rispecchiare	widerspiegeln
Le **previsioni del tempo** rispecchiano le temperature normali in questa stagione.	Die Wettervorhersage entspricht den üblichen Temperaturen der Jahreszeit.
il **cambiamento**	Änderung
il **cambiamento del tempo**	Wetterumschwung
il **periodo**	Zeitraum
In questo periodo necivate diffuse sono frequenti.	Um diese Zeit sind verbreitete Schneefälle nicht selten.
passeggero, a	vorübergehend
il **miglioramento/peggioramento passegero del tempo**	vorübergehende Wetterbesserung/Wetterverschlechterung

la **temperatura**	Temperatur
calare	sinken
La **temperatura è calata.**	Die Temperatur ist gesunken.
il **grado Celsius** ['tʃɛlsjus]	Grad Celsius
scaldare	wärmen; heizen; erhitzen
il **caldo**	Hitze
costante	beständig; konstant
mite	mild

il **cielo**	Himmel
coperto, a	bedeckt
buio, a	dunkel
In questa stagione **fa buio** molto presto.	In dieser Jahreszeit wird es früh dunkel.
la **nuvola**	Wolke
nuvoloso, a	wolkig, bewölkt

l'**umidità**	Feuchtigkeit
umido, a	feucht
la **pioggia**	Regen
la **pioggia acida**	saurer Regen
l'**arcobaleno**	Regenbogen
bagnato, a	nass
È caduta poca pioggia ed i prati sono appena bagnati.	Es hat nur wenig geregnet, und die Wiesen sind kaum nass geworden.
piovere	regnen
bagnarsi	nass werden; sich nass machen
Con questa pioggia **mi sono bagnata tutta.**	Bei diesem Regen bin ich durch und durch nass geworden.
la **nebbia**	Nebel

la **luce**	Licht
il **sole**	Sonne

splęndere	scheinen; strahlen
sereno, a	heiter, wolkenlos
l'**ombra**	Schatten

il **freddo**	Kälte
il **gelo**	Frost
Dopo la nevicata di stanotte è arrivato il gelo.	Nach dem Schneefall heute Nacht kam der Frost.
scivolare	rutschen; ausgleiten
C'è pericolo di scivolare.	Es besteht Rutschgefahr.
gelare	gefrieren
il **ghiaccio**	Eis
nevicare	schneien
Ha/È nevicato tutta la notte.	Es hat die ganze Nacht geschneit.
la **neve**	Schnee
sgelare	tauen
il **disgelo**	Tauwetter

l'**aria**	Luft
fresco, a	frisch
il **vento**	Wind
soffiare	wehen; blasen
violento, a	heftig
Quest'estate abbiamo avuto temporali **molto violenti**.	Diesen Sommer hatten wir heftige Gewitter.

la **grạndine**	Hagel
la **tempesta**	Sturm
il **tuono**	Donner
tuonare	donnern
il **fụlmine**	Blitz(schlag)
È caduto un fulmine.	Ein Blitz ist eingeschlagen.
lampeggiare	blitzen
il **temporale**	Gewitter
l'**afa**	Schwüle
afoso, a	schwül
È una giornata molto afosa.	Heute ist ein sehr schwüler Tag.

18.4 Materie, Stoffe

la **sostanza**	Substanz; Stoff
il **lịquido**	Flüssigkeit
composto, a di / da	zusammengesetzt aus
il **tipo**	Typ; Sorte
tịpico, a	typisch
la **roba**	Sachen; Zeug
la **cosa**	Sache; Ding
l'**oggetto**	Gegenstand; Objekt
la **parte**	Teil

il **difetto**	Defekt; Fehler
Una parte del materiale arrivato **ha qualche difetto**.	Ein Teil des angekommenen Materials ist schadhaft.

la **miniera**	Bergwerk
estrarre	fördern; gewinnen; abbauen
la **risorsa**	Ressource; Bodenschätze
il **carbone**	Kohle
il **minerale**	Erz; Mineral
L'Italia non è **ricca di** minerali.	Italien ist arm an Erzen.

il **metallo**	Metall
il **ferro**	Eisen
l'**acciaio**	Stahl
l'acciaio inossidabile	rostfreier Stahl
l'**alluminio**	Aluminium

il **bronzo**	Bronze
il **piombo**	Blei
il **rame**	Kupfer
lo **zinco**	Zink
l'**ottone** m	Messing
L'ottone è **una lega di rame e di zinco**.	Messing ist eine Legierung aus Kupfer und Zink.
la **ruggine**	Rost

raro, a	selten
riciclare	wiederverwerten; recyceln
il **trattamento**	Behandlung
trarre	ziehen
trarre profitto da	Nutzen ziehen aus
puro, a	rein
la **purezza**	Reinheit

la **porcellana**	Porzellan
fragile	zerbrechlich
il **cristallo**	Kristall
trasparente	transparent; durchsichtig
prezioso, a	wertvoll; Edel-

il **sasso**	Stein; Felsen
la **pietra**	Stein
la **sabbia**	Sand
il **marmo**	Marmor
Il marmo bianco di Carrara si chiama **marmo statuario** ed è il più richiesto.	Der weiße Carrara-Marmor heißt *marmo statuario* und ist der begehrteste.
il **quarzo**	Quarz
solido, a	fest; widerstandsfähig

il **legno**	Holz

la **cera**	Wachs
il **petrolio**	Erdöl; Petroleum
il **gas**	Gas
Credo che in casa ci sia **una perdita di gas.**	Ich glaube, hier im Haus strömt irgendwo Gas aus.
l'**ossigeno**	Sauerstoff
Qui manca l'ossigeno!	Hier fehlt es an Sauerstoff!
l'**idrogeno**	Wasserstoff

il **fuoco**	Feuer
infiammabile	feuergefährlich; entzündbar
l'**incendio**	Brand
scoppiare	ausbrechen; platzen
far scoppiare una crisi	eine Krise auslösen

la **plastica**	Plastik
flessibile	biegsam; flexibel
rigido, a	starr; fest
liscio, a	glatt
sintetico, a	synthetisch
la **gomma**	Gummi
elastico, a	elastisch

superficiale	Oberflächen-; oberflächlich
la **tensione**	Spannung
Aumentando la **tensione superficiale** si ottengono ottimi risultati.	Durch Erhöhung der Oberflächenspannung erzielt man sehr gute Ergebnisse.
la **spaccatura**	Spaltung; Riss
rompere	kaputtmachen

18.5 Pflanzenwelt

la **vegetazione**	Vegetation
vegetale	pflanzlich
cibi vegetali	Pflanzenkost
biologico, a	biologisch
Sono molto di moda **le colture chiamate biologiche.**	Der so genannte „biologische Anbau" ist sehr in Mode.
la **pianta**	Pflanze
il **seme**	Samen
seminare	säen

la **radice**	Wurzel
profondo, a	tief
Questa pianta ha le **radici molto profonde.**	Diese Pflanze hat sehr tief reichende Wurzeln.
il **tronco**	Stamm
la **corteccia**	Rinde; Borke
la **foglia**	Blatt

il **ramo**	Ast
la **spina**	Dorn; Stachel

i **cereali** *pl*	Getreide
In questo campo **coltiviamo** solo cereali.	Auf diesem Feld wird nur Getreide angebaut.
il **grano**	Korn
il **frumento**	Weizen
il **mais**	Mais
l'**orzo**	Gerste
l'**avena**	Hafer
Vorrei **dei fiocchi d'avena** per colazione.	Zum Frühstück hätte ich gerne Haferflocken.
la **segale**, la **segala**	Roggen
il **pane di segale**	Roggenbrot

il **frutto**	Frucht
cogliere	sammeln; pflücken
la **buccia**	Schale; Haut
sbucciare	schälen
l'**uva**	Weintraube
la **verdura**	Gemüse
i **legumi** *pl*	Hülsenfrüchte
la **lenticchia**	Linse
il **cece**	Kichererbse
la **fava**	Saubohne; dicke Bohne

il **fungo**	Pilz
commestibile	essbar
confondere con	verwechseln mit
Questa specie non è commestibile, **non confonderla** con le altre.	Diese Art ist nicht essbar; verwechsle sie nicht mit den anderen!

il **fiore**	Blume
Senti che profumo di fiori nell'aria?	Riechst du den Blumenduft in der Luft?
fiorire ‹fiorisco›	blühen
il **garofano**	Nelke
la **rosa**	Rose
il **mazzo**	Strauß
Devo prendere **un mazzo di rose** o **di garofani**?	Soll ich einen Strauß Rosen oder Nelken nehmen?
il **giglio**	Lilie
il **lillà**	Flieder
la **margherita**	Margerite
il **tulipano**	Tulpe
la **viola**	Veilchen

seccare	trocknen; dörren
Voglio **far seccare** quei fiori.	Ich will die Blumen trocknen.

marcire ‹marcisco›	(ver)faulen
marcio, a	faul; verfault; morsch

l'**albero**	Baum
l'**abete** *m*	Tanne
l'**abete rosso**	Fichte
il **cipresso**	Zypresse
il **pino**	Pinie
la **pineta**	Pinienhain

il **tiglio**	Linde
la **betulla**	Birke
il **faggio**	Buche
il **platano**	Platane
la **quercia**	Eiche
il **sughero**	Korkeiche; Kork
la **macchia**	Dickicht; Macchia
La macchia è una **vegetazione tipica delle zone mediterranee.**	Die Macchia ist eine für die Mittelmeerländer typische Vegetationsform.

18.6 Tiere, Tierhaltung

la **fauna**	Fauna, Tierwelt
l'**animale** *m*	Tier
la **bestia**	Tier; Bestie
selvatico, a	wild (lebend/wachsend); ungezähmt
feroce	wild; wütend
docile	zahm; gelehrig
l'**istinto**	Instinkt
l'**olfatto**	Geruchssinn

il **mammifero**	Säugetier
la **razza**	Rasse
Di che razza è il tuo cane?	Was ist dein Hund für eine Rasse?
la **femmina**	Weibchen
il **maschio**	Männchen

lo **zoo**	Zoo
il **recinto**	Zaun; Gehege
la **gabbia**	Käfig

volare	fliegen
l'**ala**	Flügel
Il condor ha **le ali molto grandi.**	Der Kondor hat sehr große Flügel.
le **penne** *pl*	Federn; Gefieder
la **piuma**	Feder

Le piume dell'oca **vengono usate per fare** coperte e giacche.	Gänsefedern verwendet man für Decken und Jacken.

il **muso**	Schnauze
Il topo **ha il muso piccolo e la coda lunga**.	Die Maus hat eine kleine Schnauze und einen langen Schwanz.
il **becco**	Schnabel
l'**artiglio**	Kralle; Klaue
la **zampa**	Pfote; Tatze
la **coda**	Schwanz

il **nido**	(Vogel-)Nest
la **tana**	Höhle; Bau
la **trappola**	Falle
Ho dovuto **mettere alcune trappole per topi** in cantina.	Ich musste im Keller ein paar Mausefallen aufstellen.
la **caccia a**	Jagd auf
sopravvivere a qu/qc	jdn/etw. überleben

mordere	beißen
il **morso**	Biss
velenoso, a	giftig
il **serpente**	Schlange
il **cobra**	Kobra

il **bestiame**	Vieh
I ragazzi **hanno portato il bestiame a pascolare**.	Die Jungen haben das Vieh auf die Weide gebracht.
allevare	züchten; aufziehen; ziehen
domestico, a	Haus-
l'**animale domestico**	Haustier
la **stalla**	Stall

il **cane**, la **cagna**	Hund, Hündin
il **cane da combattimento**	Kampfhund
la **museruola**	Maulkorb
il **pelo**	Haar; Fell
La volpe perde il pelo, ma **non il vizio**. *loc*	Mit dem Fell wechselt der Fuchs keineswegs den Charakter.
il **gatto**, la **gatta**	Kater; Katze
leccare	lecken
Il gatto si lava **leccandosi**.	Die Katze leckt sich sauber.

il **cavallo**, la **cavalla**	Pferd; Stute
l'**asino**	Esel
il **somaro**	Esel; Saumtier
il **mulo**	Maulesel, Maultier

il **maiale**	Schwein
il **toro**	Bulle; Stier
la **mucca**	Kuh
la **(malattia della) mucca pazza**	Rinderwahnsinn
l'**encefalopatia spongiforme bovina (ESB)**	BSE
il **vitello**	Kalb
il **bue**	Ochse
la **capra**	Ziege
la **pecora**	Schaf

il **gallo**	Hahn
la **gallina**	Huhn; Henne
Quante uova hanno fatto le galline?	Wie viele Eier haben die Hennen gelegt?
l'**oca**	Gans
l'**anatra**	Ente
il **piccione**	Taube

l'**insetto**	Insekt
cacciare (via)	(ver)jagen, wegjagen
pungere	stechen
la **puntura**	Stich

la **mosca**	Fliege
il **moscerino**	(kleine) Fliege
la **zanzara**	(Stech-)Mücke
la **vespa**	Wespe
l'**ape** *f*	Biene

la **formica**	Ameise
il **grillo**	Grille
la **cicala**	Zikade
la **cavalletta**	Heuschrecke
la **farfalla**	Schmetterling
il **ragno**	Spinne

l'**uccello**	Vogel
la **cincia(llegra)**	Meise
il **fringuello**	Fink
il **passero**	Sperling; Spatz
il **merlo**	Amsel
lo **storno**	Star
la **rondine**	Schwalbe

la **gazza**	Elster
l'**aquila**	Adler
solitario, a	solitär; Einzelgänger
L'aquila **viene considerata** un animale molto solitario.	Der Adler gilt als Einzelgänger unter den Tieren.

il **cigno**	Schwan
il **pappagallo**	Papagei
imitare	imitieren, nachahmen

il **lupo**	Wolf
la **volpe**	Fuchs
il **leone**, la **leonessa**	Löwe, Löwin
la **tigre**	Tiger
l'**elefante** *m*	Elefant
l'**orso**	Bär
In italiano **si paragona all'orso** non **chi è forte**, ma **chi è di carattere chiuso** e non vuole contatti.	In Italien ist der Bär kein Symbol der Stärke, sondern der Verschlossenheit.
il **coccodrillo**	Krokodil
la **scimmia**	Affe

il **coniglio**	Kaninchen
la **lepre**	Hase
il **criceto**	Hamster
la **cavia**	Meerschweinchen

il **topo**	Maus
il **ratto**	Ratte
il **riccio**	Igel

la **balena**	Wal
La caccia alle balene deve essere proibita.	Der Walfang muss verboten werden.
il **delfino**	Delphin, Tümmler
la **foca**	Robbe
la **pinna**	Flosse

la **rana**	Frosch
il **rospo**	Kröte
sputare	spucken
Conosci la locuzione italiana *sputare il rospo*? – Sì, significa parlare di *qualcosa che crea problemi*.	Kennst du die italienische Redewendung „die Kröte ausspucken"? – Ja, das bedeutet über etwas sprechen, das Probleme bereitet, also „es ausspucken".
il **verme**	Wurm

la **conchiglia**	Muschel
la **vongola**	Venusmuschel

18.7 Ökologie, Umweltschutz und Katastrophen

l'**ecologia**	Ökologie
l'**equilibrio**	Gleichgewicht
l'**equilibrio ecologico**	ökologisches Gleichgewicht
disturbare	stören
ecologico, a	Umwelt-; ökologisch
il **disastro ecologico**	Umweltkatastrophe
i **danni ecologici**	Umweltschäden
l'**ambiente** *m*	Umwelt
i **reati contro l'ambiente**	Umweltkriminalität
ambientale *m, f*	Umwelt-
la **tutela ambientale**	Umweltschutz
l'**ambientalista**	Umweltschützer

la **natura**	Natur
salvare	retten
conservare	bewahren
rovinare	ruinieren

l'**atmosfera**	Atmosphäre
inquinare	verschmutzen
l'**inquinamento**	Umweltverschmutzung
l'**inquinamento atmosferico**	Luftverschmutzung
contaminare	verseuchen; kontaminieren
Il terreno è contaminato.	Das Gelände ist verseucht.
la **contaminazione**	Verseuchung; Kontami-nierung

la **radiazione**	Strahlung
nocivo, a	schädlich
lo **strato**	Schicht
l'**ozono**	Ozon
lo **strato di ozono**	Ozonschicht
il **buco nell'ozono**	Ozonloch
consistere in	bestehen aus
Il lavoro più grande consiste ora nell'eliminare tutte le sostanze nocive.	Die Hauptaufgabe besteht nun in der Entfernung aller Schadstoffe.

la **foresta pluviale**	(tropischer) Regenwald
il **disboscamento**	Abholzen
sfruttare	ausnutzen; ausbeuten
lo **sfruttamento**	Ausnutzung; Ausbeutung
l'**avvertimento**	Warnung
Non abbiamo capito **in tempo** molti avvertimenti.	Viele Warnungen haben wir nicht rechtzeitig verstanden.

intenso, a	intensiv
serio, a	ernst

rischiare	riskieren
pericoloso, a	gefährlich
il **pericolo**	Gefahr
la **conseguenza**	Folge
causare	verursachen
l'**effetto**	Wirkung
l'**effeto serra**	Treibhauseffekt

l'**impianto d'incenerimento dei rifiuti**	Müllverbrennungsanlage
la **discarica**	Mülldeponie
bruciare	(ver)brennen
fondere	(ab)schmelzen
sciogliersi	schmelzen; sich auflösen
puzzare	stinken
la **canalizzazione**	Kanalisation; Abwasser

i **rifiuti** *pl*	Abfälle
le **immondizie** *pl*	Müll; Abfälle
buttar via	wegwerfen
eliminare qu/qc	jdn/etw. beseitigen; eliminieren
il **cassonetto**	Müllcontainer
la **raccolta differenziata dei rifiuti**	Mülltrennung
lo **smaltimento**	Entsorgung
il **riciclaggio**	Recycling, Wiederverwertung
il **compostaggio dei rifiuti**	Kompostierung

la **centrale elettrica**	Kraftwerk
la **centrale nucleare**	Atomkraftwerk
l'**energia**	Energie
l'**energia solare**	Sonnenenergie
l'**impianto a energia solare**	Sonnenkraftanlage
l'**energia eolica**	Windenergie

18.8 *Stadt, Land, Gebäude und Infrastruktur*

la **città**	Stadt
la **capitale**	Hauptstadt
il **quartiere**	Stadtteil
centrale	zentral
il **centro**	Zentrum
Che strada devo prendere per andare in centro?	Über welche Straße komme ich ins Zentrum?
vantare qc	sich einer Sache rühmen; etw. aufweisen
Come centro commerciale questa città **vanta tradizioni antichissime.**	Diese Stadt hat eine uralte Tradition als Handelszentrum.

la **periferia**	Peripherie; Stadtrand
in **periferia**	am Stadtrand

il **paese**	Dorf
il **villaggio**	Dorf
la **piazza**	Platz
il **ponte**	Brücke

il **castello**	Burg; Schloss
la **torre**	Turm
il **portico**	Säulenhalle; Portikus; Arkade
il **cortile**	Hof
il **cortile interno**	Innenhof
Questa casa ha un'**uscita sulla strada** ed **una sul cortile**.	Dieses Haus verfügt über einen Ausgang zur Straße und einen zum Hof.

il **domicilio**	Wohnsitz; Wohnung
l'**edificio**	Gebäude
la **villa**	Villa; Landhaus
il **posto**	Platz; Stelle
l'**accesso**	Zugang; Zufahrt
la **strada d'accesso**	Zufahrtsstraße
l'**ingresso**	Eingang
il **cancello**	Gitter; Gatter
Il cancello **della** Villa Aldobrandini è sempre chiuso.	Das Tor zur Villa Aldobrandini ist immer geschlossen.
l'**uscita**	Ausgang
uscire da	hinausgehen aus

la **via**	Straße
la **strada**	Straße
Tutte le strade portano a Roma. *loc*	Alle Straßen führen nach Rom.
stradale	Straßen-
il **viale**	Allee
il **corso**	Korso; Hauptstraße
Per arrivare a Piazzale Matteotti **devi passare per il corso**.	Um zum Piazzale Matteotti zu kommen, fährst du durch den Korso.
il **vicolo**	Gasse
allargare	verbreitern

l'**incrocio**	Kreuzung
il **tratto**	Abschnitt
In quel tratto di strada ci sono spesso lavori in corso.	In diesem Teil der Straße sind häufig Arbeiten in Gang.
il **posto di blocco**	Blockade, Sperrung
bloccare	blockieren; versperren

il **marciapiede**	Bürgersteig

il **passaggio pedonale**	Zebrastreifen
il **sottopassaggio pedonale**	Fußgängerunterführung
il, la **passante**	Passant(in)

la **zona**	Zone; Gebiet; Gegend
la **struttura**	Struktur
lo **spazio**	Platz; Raum
il **bisogno**	Bedarf, Not
aumentare	erhöhen; zunehmen
l'**aumento**	Zunahme; Erhöhung
la **riduzione**	Abnahme; Verringerung
ridurre	verringern
diminuire ‹diminuisco›	verringern

il **parcheggio**	Parkplatz
L'offerta di **parcheggi** è insufficiente.	Das Angebot an Parkplätzen ist unzureichend.
parcheggiare	parken

il **parco**	Park
la **panchina**	Sitzbank
opportuno, a	angebracht; nützlich
Sarebbe opportuno **che mettessero più panchine** in questo parco.	Es wäre angebracht, in diesem Park mehr Sitzplätze aufzustellen.
il **campo da gioco**	Spielplatz

il **porto**	Hafen
il **cantiere navale**	Werft
il **faro**	Leuchtturm

avvicinarsi a qu/qc	sich jdm/etw. nähern
la **vicinanza**	Nähe
Abito qui nelle vicinanze.	Ich wohne hier in der Nähe.
lontano, a da	entfernt von
allontanarsi da	sich entfernen von
spostarsi	verrutschen; Platz machen; sich (weg)bewegen

intorno a	um … herum
accanto a	neben
l'**angolo**	Ecke; Winkel
dappertutto	überall

19. Zeit und Raum

19.1 Wochentage und Datumsangaben

(il) **lunedì**
Il lunedì mattina molti negozi sono chiusi in Italia.

Montag; montags
Montag vormittags sind in Italien viele Geschäfte geschlossen.

(il) **martedì**
tutti i martedì

Dienstag; dienstags
jeden Dienstag

(il) **mercoledì**

Mittwoch; mittwochs

(il) **giovedì**

Donnerstag; donnerstags

(il) **venerdì**
venerdì pomeriggio

Freitag; freitags
Freitag Nachmittag

(il) **sabato**
La spesa la faccio sempre **il sabato.**

Samstag, Sonnabend; samstags
Samstags gehe ich immer einkaufen.

(la) **domenica**
domenica sera

Sonntag; sonntags
Sonntag Abend

il **fine settimana**
il fine settimana

Wochenende
am Wochenende

---

la **data**
È già stata fissata **la data dell'incontro?**
– Sì, è **il 9 di agosto.**

Datum
Ist das Datum für das Treffen schon festgelegt?
– Ja, es ist am 9. August.

il **giorno**
In che giorno della settimana c'è il mercato qui? – **Tutti i martedì.**

Tag
An welchem Tag ist hier Wochenmarkt? – Jeden Dienstag.

feriale
il **giorno feriale**

Wochen-; Werk-
Werktag

la **giornata**

Tag *(in seinem ganzen Verlauf)*

la **settimana**

Woche

trascorrere

verbringen

trattenersi a, iu, da

sich aufhalten in, bei

---

oggi
Quanti ne abbiamo oggi?
– Oggi è il 23 agosto, il compleanno di Giulia.

heute
Den Wievielten haben wir heute? – Heute ist der 23. August, Giulias Geburtstag.

ieri
ieri l'altro, l'altro ieri

gestern
vorgestern

domani

morgen

dopodomani

übermorgen

---

seguire
il periodo che segue le vacanze

folgen
die Zeit nach den Ferien

seguente
Nei giorni seguenti avete dovuto lavorare molto?

folgend
Habt ihr an den Tagen danach viel arbeiten müssen?

scorso, a	letzte(r, s); vergangene(r, s)
prossimo, a	nächste(r, s); kommende(r, s)
domenica prossima	kommenden Sonntag

19.2 Uhr- und Tageszeit

la **mattina**	Morgen
di mattina	morgens
stamattina	heute Morgen
la **mattinata**	Vormittag
il **mezzogiorno**	Mittag
È già mezzogiorno? Allora il mio orologio va indietro.	Schon 12 Uhr? Dann geht meine Uhr nach.
il **pomeriggio**	Nachmittag

la **sera**	Abend
di sera	abends
stasera	heute Abend
il **tramonto**	Sonnenuntergang
la **notte**	Nacht
stanotte	heute Nacht
la **mezzanotte**	Mitternacht
Restiamo al massimo fino **a mezzanotte**, va bene?	Wir bleiben höchstens bis Mitternacht, in Ordnung?

l'**ora**	Stunde; Uhrzeit
Che ora è? / Che ore sono?	Wie spät ist es?
– È l'una o sono già le 2?	Ist es 1 Uhr oder schon 2?
il **minuto**	Minute
altri cinque minuti	noch 5 Minuten
ogni	jede(r, s)
Ogni minuto che passa **mi sembra** un'ora.	Jede Minute, die vergeht, kommt mir vor wie eine Stunde.
in ogni caso	in jedem Fall
ad ogni modo	auf jeden Fall, wie dem auch sei
il **secondo**	Sekunde

e	nach
Sono già le tre e dieci.	Es ist schon 10 nach 3.
meno	vor
fra	in *(bei Zeiträumen)*
fa	vor *(bei Zeiträumen)*
prima di	vor *(bei Zeitpunkten)*

il **quarto (d'ora)**	Viertelstunde
(e/meno) un quarto	Viertel (nach/vor)
(e) mezzo, a	halb
Sono le 6 e mezzo.	Es ist halb 7.

l'**ora solare**	Normalzeit; Einheitszeit
l'**ora legale**	Sommerzeit
l'**orologio**	Uhr
regolare l'orologio	die Uhr stellen
andare avanti	vorgehen
andare indietro	nachgehen

19.3 Monate und Jahreszeiten

il **mese**	Monat
mensile	monatlich
Questa rivista **è settimanale** o **mensile**?	Erscheint die Zeitschrift wöchentlich oder monatlich?
l'**anno**	Jahr
annuale	jährlich

gennaio	Januar
febbraio	Februar
in gennaio o febbraio	im Januar oder Februar
marzo	März
In Italia **marzo è chiamato** pazzo perché il tempo cambia spesso.	In Italien spricht man vom „verrückten März", da das Wetter sich oft ändert.
aprile	April
maggio	Mai
Maggio è un bel mese.	Der März ist ein schöner Monat.
giugno	Juni

luglio	Juli
agosto	August
settembre	September
ottobre	Oktober
le **ottobrate romane**	römische Spätsommertage
novembre	November
dicembre	Dezember
A fine dicembre partiremo per le vacanze invernali.	Ende Dezember fahren wir in die Winterferien.

la **stagione**	Jahreszeit; Saison
la **primavera**	Frühling
primaverile	frühlingshaft; Frühlings-
l'**estate** *f*	Sommer
in estate	im Sommer
estivo, a	sommerlich; Sommer-
l'**autunno**	Herbst
autunnale	herbstlich; Herbst-
l'**inverno**	Winter
invernale	winterlich; Winter-

19.4 Weitere Zeitbegriffe

il **tempo**	Zeit
impiegare qc	etw. brauchen
Quanto tempo impiegate per fare quel lavoro?	Wie lange braucht ihr für diese Arbeit?
il **decennio**	Jahrzehnt
il **secolo**	Jahrhundert
il **millennio**	Jahrtausend

il **momento**	Augenblick
l'**attimo**	Augenblick
breve	kurz
la **fretta**	Eile
aver fretta	es eilig haben
la **pausa**	Pause; Rast
eterno, a	ewig

aspettare qu/qc	warten auf jdn/etw.
cominciare a fare qc	anfangen etw. zu tun
l'**inizio**	Beginn
ritardare	verzögern; sich verspäten; nachgehen
terminare	(be)enden
finire ‹finisco›	(be)enden

subito	sofort
presto	schnell; bald
finalmente	endlich
Finalmente ce l'hai fatta!	Endlich hast du es geschafft!
tardi	spät
Non faremo tardi.	Wir brauchen nicht lange.

sempre	immer
spesso	oft
qualche volta	manchmal
ogni tanto	ab und zu
ancora	(immer) noch; schon wieder
già	schon

il **presente**	Gegenwart
il **passato**	Vergangenheit
in passato	früher
il **futuro**	Zukunft
in futuro	in Zukunft
l'**avvenire** *m*	Zukunft
Si fanno tanti programmi per l'avvenire!	Es werden viele Zukunftspläne geschmiedet.
il **frattempo**	Zwischenzeit
nel frattempo	inzwischen

prima	früher; zuerst
ultimamente	neulich
allora	damals; also
finora	bislang
temporaneo, a	vorläufig, zeitweilig
intanto	inzwischen
Intanto tu vai pure, noi ti raggiungiamo dopo, **tanto siamo in anticipo**.	Geh du ruhig vor, wir kommen später nach; wir sind sowieso zu früh dran.

adesso	jetzt
ora	jetzt
infine	schließlich
dopo	nach; nachher; später
poi	dann

19.5 Räumliche Beziehungen

il **posto**	Ort; Platz
il **luogo**	Ort; Platz; Stelle
la **località**	Gegend; Ort; Lage
la **parte**	Richtung; Seite
da qualche parte	irgendwo; irgendwohin; irgendwoher
da nessuna parte	nirgends; nirgendwohin; nirgendwoher
la **direzione**	Richtung
il **fondo**	(Hinter-)Grund; Boden
la **freccia**	Pfeil
la **meta**	Ziel

l'**origine** f	Ursprung
originario, a di	ursprünglich aus; gebürtig in
I suoi parenti sono **originari** dell'Umbria.	Seine Verwandten stammen aus Umbrien.
trovarsi	sich befinden, liegen; sich treffen
Ci troviamo tutti a casa mia verso le nove, **va bene?**	Wir treffen uns alle gegen neun bei mir zu Hause, in Ordnung?
assegnare qc a qu	jdm etw. zuweisen; zuteilen
indicare qu/qc	hinweisen auf jdn/etw.

dove	wo; wohin
Dove hai messo l'aspirapolvere? – **Dove sta sempre!**	Wo hast du den Staubsauger hingestellt? – Wo er immer ist.
ecco	hier ist, hier sind; genau!
Ecco la foto che **cercavi**.	Hier ist das Foto, das du gesucht hast.

qua	hier; hierher
qui	hier; hierher
Vieni qua anche tu!	Komm doch auch rüber!
là	dort; dorthin; da
lì	dort; dorthin; da
Vedi quella casa rossa là a destra? Marco e Raffaella abitano lì.	Siehst du das rote Haus dort rechts? Da wohnen Marco und Raffaella.

giù	unten; hinunter; herunter
laggiù	dort unten; dort hinab
su	oben; hinauf; herauf
Salgo su io o venite giù voi?	Soll ich hochkommen oder kommt ihr runter?
lassù	dort oben; dort hinauf
Ti va bene se ti assegnano quel posto lassù?	Bist du einverstanden, wenn man dir den Platz dort oben zuweist?
sopra	über; auf
sotto	unter
accanto a	neben

dentro	hinein; drinnen
fuori	hinaus; draußen
(al di) fuori di	außerhalb
in mezzo a	mitten in
in fondo a	ganz hinten; ganz unten

destro, a	rechte(r, s)
sinistro, a	linke(r, s)
orizzontale	horizontal, waagrecht
verticale	vertikal, senkrecht

davanti a	vor
avanti	vorwärts
andare avanti	weiterfahren; weitergehen; weitermachen
dietro	hinter
indietro	rückwärts; zurück
di fronte a	gegenüber
dirimpetto a	gegenüber
opposto, a	entgegengesetzt
dalla parte opposta	in die andere Richtung; aus der anderen Richtung

20. Farben und Formen

20.1 Farben

il **colore**	Farbe
colorato, a	farbig
chiaro, a	hell; klar
scuro, a	dunkel

bianco, a	weiß
nero, a	schwarz
grigio, a	grau

blu *inv*	blau
azzurro, a	(himmel)blau
lilla *inv*	lila
viola *inv*	violett
rosa fucsia *inv*	pink
rosa *inv*	rosa
Ti piacciono questi pantaloni rosa?	Gefällt dir diese rosa Hose?
rosso, a	rot

giallo, a	gelb
arancione *inv*	orange
Questa **sfumatura arancione** è molto bella.	Diese orangefarbene Schattierung ist wunderschön.
verde	grün
marrone *inv*	braun
bruno, a	kastanienbraun

la **sfumatura**	Schattierung; Nuance
la **variazione**	Abwechselung; Veränderung; Wechsel
la **differenza**	Unterschied
diverso, a	anders(artig)
Preferiresti un colore diverso?	Möchtest du lieber eine andere Farbe?

20.2 Formen

la **figura**	Form; Gestalt
la **forma**	Form
formare	bilden

la **maniera**	Art; Weise
il **modo**	Art; Weise
piegare	falten
In che modo devo piegare questo foglio di carta?	Wie soll ich dieses Blatt Papier falten?
storcere	krümmen; verdrehen

storto, a	krumm
la **punta**	Spitze
la **striscia**	Streifen
Ho bisogno di una **striscia di carta** colorata.	Ich brauche einen Streifen Buntpapier.

uniforme	einförmig; gleichmäßig
simile	ähnlich
variare	variieren
Dovremmo variare un po' **sia** le forme **che** i colori.	Wir sollten sowohl die Formen als auch die Farben ein bisschen variieren.
distinguere da	unterscheiden von

la **sfera**	Kugel
rotondo, a	rund
ovale	oval
il **cerchio**	Kreis
il **diametro**	Durchmesser
il **raggio**	Radius
la **circonferenza**	Umfang

il **cubo**	Würfel *(Geometrie)*
il **quadrato**	Quadrat
quadrato, a	viereckig
l'**angolo**	Winkel
angolare	winkelig; eckig
il **triangolo**	Dreieck
triangolare	dreieckig
il **rettangolo**	Rechteck
rettangolare	rechteckig

21. Mengen, Maße, Zahlen

21.1 Mengenbegriffe

la **quantità**	Menge
la **massa**	Masse
il **pezzo**	Stück
grande	groß
Me ne serve una grande quantità.	Ich brauche eine große Menge davon.
grosso, a	groß; dick

molto, a	viel
molto *avv*	sehr; viel
quanto, a	wie viel
tanto, a	so viel
tanto *avv*	so viel
troppo, a	zu viel
troppo *avv*	zu; zu sehr

tutto, a	alles; alle; ganz
intero, a	ganz; vollständig
assai	ziemlich (viel)
Hai bevuto assai, vogliamo andare?	Du hast ziemlich viel getrunken, wollen wir gehen?
poco, a	wenig
Abito qui da poco tempo.	Ich wohne erst seit kurzem hier.
poco *avv*	wenig
un po'	etwas, ein wenig

numeroso, a	zahlreich
elevato, a	erhöht; hoch
notevole	beträchtlich; bemerkenswert, beachtlich

parecchio, a	ziemlich viel
Ho ancora parecchie cose **da fare**.	Ich habe noch ziemlich viele Dinge zu erledigen.
parecchio *avv*	ziemlich viel
Anche oggi abbiamo lavorato parecchio.	Auch heute haben wir ziemlich viel gearbeitet.
limitato, a	begrenzt; beschränkt

differente	verschieden
vario, a	verschieden; vielfältig
varie volte	einige Male
alcuno, a	irgendein
alcuni, e	einige

la **botte**	Fass
contenere	enthalten

pieno, a	voll
Quanta farina contiene questo sacco? – Se è pieno, **mezzo quintale**.	Wie viel Mehl enthält dieser Sack? – Einen Zentner, wenn er voll ist.
vuoto, a	leer
il **resto**	Rest
Quanto vi hanno dato di resto?	Wie viel hat man euch herausgegeben?
la **goccia**	Tropfen
La goccia scava la pietra. *prov*	Steter Tropfen höhlt den Stein.
il **goccio d'acqua**	Schluck Wasser

il **mucchio**	Haufen; Stoß
un **gran mucchio di carte**	ein großer Stapel Papier
il **sacco**	Sack
bastare	(aus)reichen
abbondante	reichlich; üppig
Il raccolto è stato abbondante.	Die Ernte war üppig.

la **quota**	Quote; Rate; Betrag
la **serie**	Serie; Reihe
la **frequenza**	Frequenz; Häufigkeit
limitare	begrenzen
A quanti pezzi limitiamo la serie?	Auf welche Stückzahl begrenzen wir die Serie?
totale	Gesamt-, gesamt; total
parziale	teilweise; Teil-

unico, a	einzig
entrambi, e	beide
la **volta**	Mal
due volte	zweimal
singolo, a	Einzel-
in singoli casi	in Einzelfällen
semplice	einfach
eccetera (ecc., etc.)	und so weiter (usw.)

21.2 Zahlen und Zahlwörter

il **numero**	Nummer; (An-)Zahl
pari	gerade
dispari	ungerade
la **cifra**	Ziffer; Zahl

zero	null
Ma **quanti zeri** scrivi?	Wie viele Nullen schreibst du denn da?
uno, a	eins
due	zwei

Dico solo due parole a Lucia, poi vengo.	Ich rede nur kurz mit Lucia, dann komme ich.
tre	drei
Non c'è due senza tre. *loc*	Aller guten Dinge sind drei.
quattro	vier
Andiamo a fare quattro passi?	Wollen wir uns ein wenig die Beine vertreten?
cinque	fünf
sei	sechs
sette	sieben
otto	acht
nove	neun
dieci	zehn
in dieci	zu zehnt

undici	elf
dodici	zwölf
tredici	dreizehn
quattordici	vierzehn
quindici	fünfzehn
Il cinque nel quindici ci sta tre volte.	In 15 ist die 5 dreimal enthalten.
sedici	sechzehn

diciassette	siebzehn
diciotto	achtzehn
diciannove	neunzehn

venti	zwanzig
ventuno	einundzwanzig
ventidue	zweiundzwanzig
ventitré	dreiundzwanzig
ventiquattro	vierundzwanzig
Ventiquattro divisio tre fa otto.	Vierundzwanzig durch drei ist acht.
venticinque	fünfundzwanzig
ventisei	sechsundzwanzig
ventisette	siebenundzwanzig
ventotto	achtundzwanzig
ventinove	neunundzwanzig
Oggi è il 29 maggio.	Heute ist der 29. Mai.

trenta	dreißig
Io ho tempo solo il 30.	Ich habe nur am 30. Zeit.
trentuno	einunddreißig
quaranta	vierzig
cinquanta	fünfzig
sessanta	sechzig
settanta	siebzig
ottanta	achtzig
novanta	neunzig

cento	hundert
duecento	zweihundert
trecento	dreihundert
ottocento	achthundert

mille	tausend
millecento	tausendeinhundert
millenovecentosettanta	eintausendneunhundertsiebzig
nel 1970	(im Jahre) 1970
duemila	zweitausend
diecimila	zehntausend
il **milione**	Million
il **miliardo**	Milliarde

la **dozzina**	Dutzend
Mi dia **una dozzina di uova** molto fresche.	Geben Sie mir bitte ein Dutzend ganz frische Eier.
circa	ungefähr
una **decina**	ungefähr zehn
Eravamo **decine di persone**.	Wir waren Dutzende Personen.
una **quindicina**	ungefähr fünfzehn
una **ventina**	ungefähr zwanzig
un **centinaio**	ungefähr hundert
Centinaia di studenti hanno dimostrato per le vie della città.	Hunderte von Studenten haben in den Straßen der Stadt demonstriert.
un **migliaio**	ungefähr tausend
Erano presenti **migliaia di persone**.	Es waren tausende Leute anwesend.

primo, a	erste(r, s)
Mi danno lo stipendio sempre **al 1° del mese**.	Ich bekomme mein Gehalt immer am 1. des Monats.
secondo, a	zweite(r, s)
Quest'albergo **è di seconda categoria**.	Dieses ist ein Hotel der zweiten Kategorie.
terzo, a	dritte(r, s)
quarto, a	vierte(r, s)
Se continui così, **dovrai andare a Canossa** come Enrico IV.	Wenn du so weitermachst, wirst du wie Heinrich IV. nach Canossa gehen müssen.
quinto, a	fünfte(r, s)
sesto, a	sechste(r, s)
settimo, a	siebte(r, s)
E il settimo giorno Dio si riposò.	Und am siebten Tage ruhte Gott.
ottavo, a	achte(r, s)
nono, a	neunte(r, s)
decimo, a	zehnte(r, s)

undicęsimo, a	elfte(r, s)
dodicęsimo, a	zwölfte(r, s)
tredicęsimo, a	dreizehnte(r, s)
quattordicęsimo, a	vierzehnte(r, s)
quindicęsimo, a	fünfzehnte(r, s)
sedicęsimo, a	sechzehnte(r, s)
diciassettęsimo, a	siebzehnte(r, s)
diciottęsimo, a	achtzehnte(r, s)
diciannovęsimo, a	neunzehnte(r, s)

ventęsimo, a
Qual è stato l'ultimo anno del ventesimo secolo, **il 1999 o il 2000?**

zwanzigste(r, s)
Welches war das letzte Jahr des 20. Jahrhunderts, das Jahr 1999 oder das Jahr 2000?

ventunęsimo, a — einundzwanzigste(r, s)
ventiduęsimo, a — zweiundzwanzigste(r, s)
Elio **ha perso** solo **per un ventiduesimo di secondo.**
Elio wurde nur um 22 Hundertstelsekunden geschlagen.

trentęsimo, a	dreißigste(r, s)
centęsimo, a	hundertste(r, s)
millęsimo, a	tausendste(r, s)
ụltimo, a	letzte(r, s)

21.3 Maße und Gewichte

pịccolo, a	klein
spesso, a	dick
scarso, a	gering(fügig); spärlich; karg
sottile	dünn

misurare	messen
il **metro**	Meter; Versmaß
il **millịmetro**	Millimeter
il **centịmetro**	Zentimeter
il **chilọmetro**	Kilometer

l'altezza — Höhe
la lunghezza — Länge
la larghezza — Breite
Hai misurato la stanza? – Sì, la larghezza **è tre metri**, la lunghezza quattro e l'altezza **due metri e sessanta centimetri.**
Hast du das Zimmer ausgemessen? – Ja, die Breite beträgt drei, die Länge vier und die Höhe 2,60 Meter.
la profondità — Tiefe
a … metri di profondità — in … Metern Tiefe

la **metà**	Hälfte
il **litro**	Liter

mezzo, a	halb
mezzo litro	ein halber Liter
il **quarto**	Viertel
un **quarto di litro**	ein Viertel Liter

il **contenuto**	Inhalt
la **dose**	Dosis
il **massimo**	Höchstmaß; Maximum
il **minimo**	Mindestmaß; Minimum
la **media**	Durchschnitt

il **peso**	Gewicht
a peso	nach Gewicht
netto	netto
lordo	brutto
il **grammo**	Gramm
l'**etto**	100 Gramm
Vorrei due etti di prosciutto.	Ich hätte gerne 200 g Schinken.
il **chilo**	Kilo
mezzo chilo	Pfund
il **quintale**	Doppelzentner
un **quintale e mezzo**	drei Zentner
la **tonnellata**	Tonne

uguale	gleich
doppio, a	doppelt
il **doppio**	Doppelte(r, s)
corrispondere a	entsprechen; übereinstimmen
I tuoi calcoli **non corrispondono ai miei.**	Deine Berechnungen stimmen mit meinen nicht überein.

22. Sprachliche Kommunikation

22.1 Reden, Informieren, Fragen und Antworten

la **questione**	(Streit-)Frage; Angelegenheit
la **domanda**	Frage; Bitte; Forderung
domandare qc a qu	jdn etw. fragen; jdn um etw. bitten; fordern
chiedere qc a qu	jdn etw. fragen; jdn um etw. bitten; fordern
interrogare qu	jdn befragen; abhören; prüfen

la **risposta**	Antwort
rispondere a qu/qc	jdm antworten; etw. beantworten; auf etw. antworten
interrompere qu/qc	jdn/etw. unterbrechen
l'**intervista**	Interview; Unterredung
Quell'intervista non mi è piaciuta affatto.	Das Interview hat mir überhaupt nicht gefallen.

la **conversazione**	Unterhaltung
parlare a qu / con qu	jdn / mit jdm sprechen
Con chi desidera parlare?	Wen möchten Sie sprechen?
chiacchierare con	plaudern; schwatzen mit
tacere ‹taccio›	(ver)schweigen
tacitamente	stillschweigend

l'**argomento**	Argument; Thema
Ci sono argomenti **pro e contro** questa teoria.	Es gibt Argumente für und gegen diese Theorie.
argomentare	argumentieren
il **discorso**	Rede
il **commento**	Kommentar

il **riferimento**	Hinweis; Bezug
riferire qc a qu ‹riferisco›	jdm etw. berichten
riferirsi a ‹riferisco›	sich beziehen auf; meinen
l'**informazione** f	Information
Scusi, vorrei un'informazione.	Entschuldigen Sie, ich hätte gerne eine Auskunft.
informare qu di qc	jdn über etw. informieren

raccontare qc a qu	jdm etw. erzählen
Per favore, mi racconti **tutto con ordine**.	Erzählen Sie mir bitte alles der Reihe nach.
comunicare qc a qu	jdm etw. mitteilen
annunciare qu/qc (a qu)	jdn/(jdm) etw. ankündigen
esprimere qc	etw. ausdrücken
esprimersi	sich ausdrücken
il **messaggio**	Botschaft; Nachricht
Possiamo lasciare un messaggio.	Wir können eine Nachricht hinterlassen.

la **vertenza**	Streitfrage; -punkt
discutere di qc (con qu)	über etw. (mit jdm) diskutieren
trattarsi di	sich handeln um
Di che cosa si tratta?	Worum handelt es sich? / Worum geht es?
indicare qc/qu	auf etw./jdn hinweisen; zeigen
dichiarare	erklären; deklarieren
Cosa avete **dichiarato alla polizia?**	Was habt ihr bei der Polizei ausgesagt?
affermare	behaupten
L'imputato **continua ad affermare di** essere innocente.	Der Angeklagte behauptet weiterhin, unschuldig zu sein.
moderato, a	maßvoll; gemäßigt
la **proposta**	Vorschlag
proporre qc a qu	jdm etw. vorschlagen
il **consiglio**	Rat
sottoporre qu a qc	jdn einer Sache unterwerfen; unterziehen
l'**opinione** f	Meinung
secondo la mia opinione	meiner Meinung nach
la **convinzione**	Überzeugung
convincere qu a fare qc	jdn überzeugen, etw. zu tun
convincente	überzeugend
convinto, a di qc	überzeugt von etw.
gridare	schreien
il **grido**	Schrei
urlare	brüllen

22.2 Wünschen und Trösten

augurare qc a qu	jdm etw. wünschen
l'**augurio**	Wunsch
Auguri!	Alles Gute! Frohes Fest!
Tanti auguri per il tuo compleanno!	Herzlichen Glückwunsch zum Geburtstag!
fare gli auguri a qu	jdm Glück wünschen; gratulieren
congratularsi con qu (per qc)	jdn beglückwünschen (zu); jdm gratulieren (zu)
le **congratulazioni** pl	Glückwünsche
il **complimento**	Kompliment
senza complimenti	frei heraus; ohne Umstände
fare complimenti	sich zieren
La prego, non faccia complimenti!	Ich bitte Sie, zieren Sie sich nicht!

Che peccato!	Wie schade!
poveretto, a!	du Ärmste(r)!
disperato, a	verzweifelt
disperare	verzweifeln
l'aiuto	Hilfe

il **dispiacere**	Bedauern; Kummer; Leid
con mio grande dispiacere	zu meinem großen Bedauern
consolare qu	jdn trösten
la **consolazione**	Trost
le **condoglianze** *pl*	Beileid
la lettera di condoglianze	Beileidsschreiben
Sentite condoglianze.	Herzliches Beileid!
il **lutto**	Trauer

22.3 Bitten, Befehlen, Verbieten und Erlauben

desiderare qc	etw. wünschen
Desidero che tu vada subito a casa!	Ich wünsche, dass du sofort nach Hause gehst!
il **desiderio**	Wunsch
Non è molto facile soddisfare i vostri desideri.	Es ist nicht ganz einfach, eure Wünsche zu befriedigen.
pretendere qc da qu	von jdm etw. verlangen
assolutamente	unbedingt
Non voglio assolutamente **che tu faccia** questo.	Ich will keinesfalls, dass du das tust.

dovere	müssen; sollen
dovuto, a	gebührend; geboten
in modo dovuto	ordnungsgemäß
l'**autorità**	Autorität
Altrimenti devo far valere la mia autorità di padre.	Andernfalls muss ich von meiner Autorität als Vater Gebrauch machen.
il **dovere**	Pflicht
Sarebbe tuo dovere aiutarmi.	Es wäre deine Pflicht, mir zu helfen.
obbedire a qu‹obbedisco›	jdm gehorchen
obbediente	gehorsam; folgsam
l'**obbedienza**	Gehorsam

l'**ordine** *m*	Anweisung, Befehl; Auftrag
l'**esecuzione** *f*	Ausführung
eseguire	ausführen

pregare qu di fare qc	jdn bitten etw. zu tun
per favore	bitte

raccomandare qc a qu — jdm etw. empfehlen; ans Herz legen

  Ci hanno raccomandato di **arrivare puntuali**. — Man hat uns ans Herz gelegt, pünktlich zu kommen.

la raccomandazione — Empfehlung

  la **lettera di raccomandazione** — Empfehlungsschreiben

spiegarsi — sich erklären; sich ausdrücken

  Vorresti spiegarti meglio per favore? — Würdest du dich bitte etwas deutlicher ausdrücken?

---

guardarsi da qu/qc — sich vor jdm/etw. hüten

mantenere — einhalten; (er)halten

---

il **divieto** — Verbot

  In questa strada c'è divieto di sosta. — In dieser Straße besteht Halteverbot.

proibire qc a qu ‹proibisco› — jdm etw. verbieten

  Perché gli proibisci di giocare con gli altri bambini? — Warum verbietest du ihm, mit den anderen Kindern zu spielen?

  proibito, a — verboten

vietare qc a qu — jdm etw. verbieten

  Il medico mi ha vietato di fumare. — Der Arzt hat mir das Rauchen verboten.

impedire a qu di fare qc ‹impedisco› — jdn daran hindern etw. zu tun

  Chi ti impedisce di fare **quello che** vuoi? — Wer hindert dich daran zu tun, was du willst?

---

il **permesso** — Erlaubnis

  Avete il permesso di entrare? — Habt ihr die Erlaubnis einzutreten?

permettere qc a qu — jdm etw. erlauben

consentire (qc a qu) — zustimmen; zugestehen; jdm etw. erlauben

concedere qc a qu — etw. billigen; gewähren; jdm etw. zugestehen

  Mi hanno concesso **di vederla** solo per un paio di minuti. — Man hat mir nur erlaubt, sie für ein paar Minuten zu sehen.

accordare qc (a qu/con qu) — etw. billigen, (jdm) etw. gewähren; (mit jdm) etwas abstimmen

approvare qc — etw. billigen, gutheißen

ammettere qc — etw. zugeben; zulassen

autorizzare qu — jdn ermächtigen

ricorrere a qu/qc — auf jdn/etw. zurückgreifen; in Anspruch nehmen

  Non potremmo ricorrere all'aiuto di qualche personalità nota? — Könnten wir nicht die Hilfe irgendeiner bekannten Persönlichkeit in Anspruch nehmen?

22.4 Angreifen, Entschuldigen, Danken

attaccare qu	jdn angreifen
minacciare qu di qc	jdn bedrohen; jdm mit etw. drohen
Perché hai paura, ti **hanno minacciato** forse **di qualcosa?**	Warum hast du Angst? Hat man dir vielleicht mit irgendetwas gedroht?
la **minaccia**	Drohung; Bedrohung
Non devi prendere troppo sul serio la sua minaccia.	Du darfst seine Drohung nicht zu ernst nehmen.
insultare	beschimpfen, verunglimpfen

l'**aggressività** f	Aggressivität
aggressivo, a	aggressiv
la **polemica**	Polemik
polemico, a	polemisch; streitsüchtig

il **chiarimento**	Klärung
chiarire ‹chiarisco›	klären
l'**equivoco**	Missverständnis
fraintendere qu/qc	jdn/etw. missverstehen

il **perdono**	Verzeihung
Ti chiedo perdono per il mio errore.	Ich bitte dich wegen meines Irrtums um Verzeihung.
perdonare qu/qc	jdm/etw. verzeihen, vergeben
la **scusa**	Entschuldigung
Mi ha presentato le sue scuse già ieri.	Er hat sich schon gestern bei mir entschuldigt.
Penso proprio che tu debba chiedergli scusa.	Ich glaube wirklich, dass du dich bei ihm entschuldigen musst.
scusarsi	sich entschuldigen
scusare qu/qc	jdn/etw. entschuldigen
Scusi, che ore sono?	Entschuldigen Sie, wie spät ist es bitte?
purtroppo	leider

il **ringraziamento**	Dank
ringraziare qu di qc	jdm für etw. danken
grazie	danke
Grazie mille!	Tausend Dank!
– Non c'è di che!	– Keine Ursache!
grato, a	dankbar
Ti sono molto grato.	Ich bin dir sehr dankbar.
– Non mi ringraziare di niente!	– Du bist mir keinen Dank schuldig!
prego	bitte

22.5 Bestätigen, Einschränken und Ablehnen

la **conferma**	Bestätigung
confermare	bestätigen
Ci ha confermato che sarebbe venuto anche lui.	Er hat uns bestätigt, dass er auch kommt.
d'**accordo**	einverstanden
sì	ja; doch
Penso di partire alle cinque, **d'accordo?**	Ich beabsichtige, um fünf Uhr abzufahren, einverstanden?
– Sì, in ogni caso.	– Ja, auf alle Fälle.

la **verità**	Wahrheit
il **riconoscimento**	Anerkennung
riconoscere	anerkennen; zugeben
l'**accettazione** *f*	Annahme
accettare	annehmen; akzeptieren

la **promessa**	Versprechen
Questa è proprio una promessa da marinaio!	Dies ist nichts als ein leeres Versprechen!
promettere qc a qu	jdm etw. versprechen
giurare	schwören
Giuri di dire la verità, nient'altro che la verità.	Schwören Sie, die Wahrheit zu sagen und nichts als die Wahrheit!
il **giuramento**	Eid; Schwur
la **ripetizione**	Wiederholung
ripetere qc (a qu)	(jdm) etw. wiederholen

infatti	in der Tat; tatsächlich; denn
l'**esattezza**	Genauigkeit
per l'esattezza	um genau zu sein
citare	zitieren

l'**impressione** *f*	Eindruck
paragonare qu/qc a	jdn/etw. vergleichen mit
il **paragone**	Vergleich
il **dubbio**	Zweifel
Su questa cosa non ho alcun dubbio.	Bezüglich dieser Angelegenheit habe ich keine Zweifel.
senza dubbio	zweifellos
dubitare di qc/qu	an etw./jdm zweifeln
criticare qu/qc	jdn/etw. kritisieren
esagerare	übertreiben

contestare qc	etw. anfechten; beanstanden
Gli studenti hanno contestato il programma.	Die Studenten haben gegen das Programm protestiert.
la **contraddizione**	Widerspruch

contraddire qu	jdm widersprechen
Mi dispiace contraddirti.	Es tut mir Leid, dir wider- sprechen zu müssen.
contraddittorio, a	widersprüchlich
disdire qc	etw. absagen

la **condizione**	Bedingung
a **condizione che**	unter der Bedingung, dass
altrimenti	sonst; andernfalls
imporre qc a qu	jdm etw. auf(er)legen; aufzwingen
d'altronde	übrigens; andererseits

l'**eccezione** f	Ausnahme
forse	vielleicht
almeno	wenigstens, mindestens
no	nein
non	nicht
mai	jemals
Sei mai stato in quel locale?	Bist du je in dem Lokal gewesen?

22.6 Stellungnahme und Bewertung

accontentarsi di qc	sich mit etw. zufrieden geben
contento, a di	zufrieden mit; froh über
scontentare qu	jdn unzufrieden machen
scontento, a	unzufrieden

adeguato, a	angemessen
conveniente	passend; angemessen
Non è conveniente fare acquisti in questo momento.	Es empfiehlt sich nicht, momentan Käufe zu tätigen.
adattarsi a	sich anpassen an
vantaggioso, a	vorteilhaft
illudersi	sich einbilden; sich täuschen; sich Illusionen machen
Secondo me **hai fatto l'errore di illuderti troppo.**	Meiner Meinung nach hast du den Fehler begangen, dir zu viele Illusionen zu machen.
basta	basta; es ist genug, es reicht
Grazie, **basta così!**	Danke, das reicht!
Adesso basta!	Jetzt reicht's aber!
Basta che voi **telefoniate a** Carlo.	Ihr braucht nur Carlo anzurufen.

riassumere qc	etw. zusammenfassen
il **riassunto**	Zusammenfassung; Nacherzählung

la **conclusione**	Schlussfolgerung; Abschluss
conclu̲dere	abschließen; beschließen; erreichen
Ancora non abbiamo concluso nulla.	Wir haben noch nichts erreicht.
il **consenso**	Zustimmung; Konsens
Siamo arrivati ad un consenso.	Wir haben eine Übereinstimmung erzielt.

il **giudizio**	Meinung; Urteil
il **parere**	Meinung
generale	allgemein
razionale	rational; vernünftig
irrazionale	unvernünftig; irrational
la **giustificazione**	Rechtfertigung
giustificare	rechtfertigen
giustificarsi	sich rechtfertigen

considerare qu/qc	jdn/etw. halten für; schätzen
La considero una vera amica.	Ich halte sie für eine echte Freundin.
Quel professore è poco considerato dai suoi alunni.	Dieser Lehrer wird von seinen Schülern nicht sehr geschätzt.
ritenere qu/qc	jdn/etw. halten für; meinen
Ritengo giusto dire queste cose.	Ich halte es für richtig, diese Dinge zu sagen.
giudicare qu/qc	jdn/etw. (be)urteilen; betrachten als
Lo giudico una persona molto razionale.	Ich halte ihn für einen sehr rationalen Menschen.
riguardare qc/qu	etw./jdn betreffen; angehen
Queste cose **riguardano** solo me.	Diese Dinge gehen nur mich etwas an.
sembrare	scheinen

constatare	feststellen
la **constatazione**	Feststellung
acco̲rgersi di qc	etw. bemerken
Ce ne siamo accorti pure noi.	Das haben wir auch bemerkt.
indovinare qc	etw. erraten
una **soluzione indovinata**	eine gelungene Lösung
l'**indovinello**	Rätsel

la **naturalezza**	Natürlichkeit
bene *avv*	gut
buono, a *agg*	gut
meglio *avv*	besser
migliore *agg*	besser
o̲ttimo, a	sehr gut; ausgezeichnet

grade̲vole	angenehm

utile — nützlich; hilfreich
Non credo che queste cose **siano poi** tanto utili. — Ich glaube nicht, dass diese Dinge letztlich sehr hilfreich sind.

meraviglioso, a — wunderbar
splendido, a — glänzend; großartig
magnifico, a — prachtvoll; prächtig
eccezionale — außergewöhnlich

abbastanza — genug; ziemlich
adatto, a — geeignet
la **correttezza** — Korrektheit
positivo, a — positiv
interessante — interessant
ideale — ideal

preciso, a — präzis, genau
la **precisione** — Präzision; Genauigkeit
giusto, a — richtig; gerecht
chiaro, a — klar; deutlich

bravo, a — bravo
Brava, Maria! — Bravo, Maria!
animato, a — lebhaft
l'**entusiasmo** — Begeisterung
entusiasmare — begeistern
entusiasmante — begeisternd
la **soddisfazione** — Befriedigung; Genugtuung

prevalere ‹prevalgo› — überwiegen; überlegen sein
prevalente — überwiegend; vorwiegend
Le tue opinioni prevalgono quasi sempre. — Deine Ansichten setzen sich fast immer durch.
volentieri — gern(e)
eccellente — ausgezeichnet
impressionante — eindrucksvoll
straordinario, a — außerordentlich
l'**ammirazione** *f* — Bewunderung
meritare — verdienen
Meriti tutta la nostra simpatia. — Du verdienst unsere ganze Sympathie.
il **merito** — Verdienst

preferire ‹preferisco› — vorziehen; bevorzugen
Cosa preferisci fare stasera? — Was möchtest du heute Abend machen?

la **preferenza** — Vorzug
preferibile — vorzuziehen; besser
Credo che sia preferibile partire subito. — Ich glaube, es ist besser, sofort abzureisen.
preferibilmente — vorzugsweise

l'**imbecille** *m, f*	Dummkopf
la **cattiveria**	Schlechtigkeit; Bösartigkeit
male *avv*	schlecht
peggio *avv*	schlechter
peggiore *agg*	schlechter
pessimo, a	sehr schlecht

ordinario, a	gewöhnlich
È roba ordinaria.	Das ist ganz gewöhnliches Zeug.
negativo, a	negativ
impaziente	ungeduldig
contrario, a a qc	gegenteilig; abgeneigt gegenüber etw.
Perché siete **contrari a** questo viaggio?	Warum seid ihr gegen diese Reise?
inutile	unnütz; zwecklos
È inutile provare ancora.	Es ist zwecklos, es weiter zu versuchen.

l'**ipotesi** *f*	Hypothese
La vostra è un'**ipotesi** molto interessante.	Eure Hypothese ist sehr interessant.
possibile	möglich
impossibile	unmöglich
necessario, a	nötig, notwendig
la **necessità**	Notwendigkeit
Che necessità hai di accendere tutte le luci?	Warum musst du überall Licht machen?

strano, a	merkwürdig
incredibile	unglaublich
sgradevole	unangenehm
insopportabile	unerträglich
ingiusto, a	ungerecht

la **pena**	Sorge; (Mit-)Leid
Puoi immaginare la pena del padre **nel vedere suo figlio così**.	Du kannst dir das Leid des Vaters vorstellen, als er seinen Sohn in diesem Zustand sah!
– Fa pena anche a me.	– Mir tut er auch Leid.
la **pietà**	Mitleid
sfortunato, a	unglücklich; Pechvogel
la **sfortuna**	Pech
assurdo, a	absurd
tragico, a	tragisch
Non siate così tragici con le vostre previsioni!	Gebt nicht solch pessimistische Prognosen ab!

rinunciare a qc/qu	auf etw./jdn verzichten
la rinuncia	Verzicht
lamentarsi di	sich beklagen über
la protesta	Protest
protestare	protestieren
rimproverare qc a qu	jdm etw. vorwerfen
respingere qc/qn	etw./jdn zurückweisen; ablehnen

spaventare qu	jdn erschrecken; abschrecken
Lo ha spaventato **con le sue parole**.	Sie hat ihn durch ihre Worte abgeschreckt.
disprezzare	verachten; gering schätzen
Stefano **non disprezza** certo un buon vino.	Stefano hat gegen einen guten Wein gewiss nichts einzuwenden.
spaventoso, a	schrecklich
spaventarsi qc	erschrecken vor/wegen etw.
Che schifo!	Wie ekelhaft!

22.7 Interjektionen

ah!	ah
Ah! **Come sono felice!**	Ah! Wie glücklich bin ich!
certo	gewiss
eccome!	und wie!
Saresti contento?	Würde dich das freuen?
– Eccome!	– Und wie!
forte! *fam*	stark!
figo! *fam*	geil!

ah no!	oh nein!
Ah no! **Così non va!**	Oh nein, so geht es nicht!
ahi!	au!
Ahi! **Che male!**	Au, tut das weh!
basta!	basta!, es reicht!
guai!	wehe!
Se non stai zitto, guai!	Wehe, wenn du nicht den Mund hältst!
maledizione!	verdammt noch mal!

oh!	ach!
Oh! **Insomma! Adesso basta!**	Also, nun reicht's aber!
ah sì?	ach ja?
Ah sì? Sei sicuro?	Ach ja, bist du sicher?
chissà?	wer weiß?
come no!	klar doch!
Sei d'accordo?	Bist du einverstanden?
– Come no!	– Klar doch!

ehi!
   Ehi! Senti un po'!
insomma
magari!
   Hai vinto al lotto?
   – Magari!
beh?
   Beh! Cosa ha detto Mauro?
mah!
   Mah, cosa vuoi che ti dica!

he!
   He, hör mal!
letzten Endes; nun ja
schön wär's
   Hast du im Lotto gewonnen?
   – Schön wär's!
nun?, und?
   Nun, was hat Mauro gemeint?
tja!
   Tja, was soll ich dazu sagen!

22.8 Idiomatische Ausdrücke

acqua in bocca
alzare il gomito
   Non ti pare di aver alzato il
   gomito un po' troppo?

avere l'acqua alla gola

   Credo che le cose gli vadano
   male e che abbia l'acqua alla
   gola.
aver le carte in regola

   Lucio ha tutte le carte in regola
   per ottenere quel posto.

bisogna
   Domandiamo se bisogna
   prenotare i posti?

kein Wort darüber
einen trinken
   Meinst du nicht, dass du ein
   bisschen zu viel getrunken
   hast?
das Wasser bis zum Hals
stehen haben
   Ich glaube, dass er schlecht
   dran ist und ihm das Wasser
   bis zum Hals steht.
alle Voraussetzungen erfüllen;
gute Karten haben
   Lucio erfüllt alle Voraussetzungen, um diesen Posten zu
   bekommen.
es ist nötig; man muss
   Fragen wir lieber, ob man die
   Plätze vorbestellen muss.

chiaro e tondo

   Te l'ho detto chiaro e tondo
   diverse volte!
ci vuole
ci vogliono
   Quanto tempo ci vuole per
   andare in Sardegna? **– Ci**
   vogliono otto ore circa.
cogliere al volo
   Senti questa, l'ho colta al volo
   mentre aspettavo il tram.

combinare qc
   Ma che diavolo stai combi-
   nando?
   Luigi **non ha mai combinato**
   niente nella vita.

klar und deutlich; klipp und
klar
   Ich habe es dir schon mehr-
   fach klar und deutlich gesagt!
man braucht *(Singular)*
man braucht *(Plural)*
   Wie lange dauert die Reise
   nach Sardinien? – Man
   braucht etwa acht Stunden.
aufschnappen
   Hör dir das an, ich habe es
   aufgeschnappt, als ich auf
   die Straßenbahn wartete.
anstellen; erreichen
   Was treibst du da, zum
   Teufel?
   Luigi hat in seinem Leben
   nie etwas erreicht.

conviene — es empfiehlt sich
il cornuto — Gehörnter; Hornochse
 Guarda che cornuto, non si è fermato col rosso! — Schau dir diesen Hornochsen an, bei Rot einfach durchzufahren!

---

dai! — los!
 Dai, muovetevi! — Los, bewegt euch!
dare nell'occhio — ins Auge fallen, auffällig sein
 Non mi piace quel vestito, dà troppo nell'occhio. — Dieses Kleid gefällt mir nicht, es ist ein bisschen arg auffällig.
dare importanza a — Bedeutung beimessen

---

essere al verde — abgebrannt sein; kein Geld mehr haben
essere in gamba — auf Draht sein; tüchtig sein
 Bravo, sei proprio in gamba! — Bravo, du bist wirklich auf Draht!
fare le corna — das Beste hoffen
 Facciamo le corna! — toi, toi, toi; Hoffen wir das Beste!
fare bella figura — einen guten Eindruck machen, eine gute Figur abgeben
fare brutta figura — eine schlechte Figur abgeben
far(e) finta di — so tun als ob
 Non fare finta di non capire! — Tu nicht so, als ob du nicht verstündest.
fare un quarantotto — einen Mordskrach machen; ein Durcheinander anstellen

---

importa — es ist wichtig
 Non importa, telefoniamo dopo. — Macht nichts, wir rufen später an.
in bocca al lupo! — toi, toi, toi!; Hals- und Beinbruch!
lasciar perdere — es (gut) sein lassen
 Non discutiamo più, lasciamo perdere. — Komm, lass gut sein, wir diskutieren nicht weiter!

---

mandare all'aria — platzen lassen
 Se non riescono proprio a mettersi d'accordo finisce che mandano all'aria tutto. — Wenn es wirklich zu keiner Einigung kommt, wird die Sache noch platzen.
mandare a quel paese — zum Teufel schicken
mettere le corna a qu — jdm Hörner aufsetzen
mettere il naso — seine Nase hineinstecken
 Ma è possibile che tu debba mettere il naso dappertutto? — Musst du denn deine Nase überall hineinstecken?
molto fumo e poco arrosto — viel Lärm um nichts

Non c'è due senza tre. *loc*	Aller guten Dinge sind drei.
non vedere l'ora di fare qc	es nicht abwarten können etw. zu tun

prendere in giro qu	jdn auf den Arm nehmen
promettere mari e monti	das Blaue vom Himmel versprechen
Prometti sempre **mari e monti**, e poi **non** fai **mai niente.**	Du versprichst immer das Blaue vom Himmel und dann tust du nichts.
il **proverbio**	Sprichwort

restare a bocca asciutta	in die Röhre schauen; leer ausgehen
senza mezzi termini	mit aller Deutlichkeit; ohne ein Blatt vor den Mund zu nehmen
Adesso glielo spiego io senza mezzi termini!	Jetzt sage ich es ihm in aller Deutlichkeit!
servire	nötig sein
Cosa ti serve? – Mi servono due matite ed un quaderno.	Was brauchst du? – Ich brauche zwei Stifte und ein Heft.

tagliare la corda	sich aus dem Staub machen
Non vorrai mica tagliare la corda proprio ora!	Du willst dich doch nicht gerade jetzt aus dem Staub machen!
tirare avanti	sich so durchschlagen
Come va? – **Si tira avanti.**	Wie geht es? – Man schlägt sich so durch.
toccare a	dran sein
A chi tocca?	Wer ist an der Reihe?
– Tocca a voi.	– Ihr seid dran.
togliere il disturbo a qu	jdn nicht mehr länger stören wollen und gehen
Tolgo subito il disturbo, signora, vorrei dire solo due parole.	Ich gehe gleich wieder, meine Dame, ich möchte nur ein paar Worte sagen.

venire al sodo	zur Sache kommen
Basta con le chiacchiere, veniamo al sodo!	Schluss mit dem Geschwätz, kommen wir zur Sache!
la **via di scampo**	Ausweg
Bisogna lavorare, **non c'è via di scampo!**	Uns bleibt kein Ausweg, jetzt heißt es arbeiten!
vivere alla giornata	in den Tag hineinleben
Non è nel mio carattere vivere alla giornata.	Es entspricht nicht meinem Charakter, in den Tag hineinzuleben.

23. Strukturwörter

23.1 Demonstrativ- und Relativpronomen

questo, a
L'ho visto con questi occhi.

diese(r, s)
Ich habe es mit meinen eigenen Augen gesehen.

quello, a, quel, quell'; quei, quelle, quegli
Conosci quell'uomo?
A quei tempi la vita in campagna era durissima.
ciò
stesso, a
È stato Luigi stesso a raccontarmi questa storia. – Ma è la stessa storia che mi ha raccontato Alfredo.

jene(r, s); diese(r, s)

Kennst du den Mann dort?
Zu jener Zeit war das Leben auf dem Lande äußerst hart.
das; dieses
der-, die-, dasselbe; selbst
Luigi selbst hat mir diese Geschichte erzählt. – Aber das ist doch dieselbe, die mir Alfredo erzählt hat.

che

der, die, das; welche(r, s)
(Relativpronomen im Nominativ und Akkusativ)

Il vestito che hai comprato ti sta proprio bene.
Il giorno che questo lavoro sarà finito ringrazierò il cielo.

Das Kleid, das du gekauft hast, steht dir wirklich gut.
An dem Tag, an dem diese Arbeit erledigt sein wird, werde ich dem Himmel danken.

il, la quale
Ho incontrato Edoardo **che/il quale mi ha detto che verrà di sicuro**.
cui

welche(r, s)
Ich habe Edoardo getroffen, der mir gesagt hat, dass er sicher kommt.
Relativpronomen nach Präpositionen (in der gesprochenen Sprache bevorzugte Alternative zu il/la quale)

Ricordi quelle amiche **con cui/con le quali** siamo stati a Saarbrücken l'anno scorso?

Erinnerst du dich an die Freundinnen, mit denen wir vergangenes Jahr in Saarbrücken waren?

– Dici quelle di cui mi parlavi l'altro ieri? – Sì, le ragazze **(a) cui** volevo fare vedere le foto.

– Meinst du diejenigen, von denen wir vorgestern gesprochen haben? – Ja, die Mädchen, denen ich die Fotos zeigen wollte.

23.2 Interrogativ- und Indefinitpronomen

chi
Puoi **parlarne con chi vuoi.**

wer, wen
Du kannst darüber reden, mit wem du willst.

(che) cosa	was
che	was, was für…
quale	welche(r, s)

qualcosa	etwas
qualcuno, a	jemand
Manda **qualcun altro**, io non posso andare.	Schick jemand anderen, ich kann nicht gehen.
ognuno, a	jede(r) *(substantivisch)*; je
Ognuno decida come vuole.	Ein jeder entscheide sich, wie er will.
ciascuno, a	jede(r) *(substantivisch)*
Abbiamo bevuto **una birra ciascuno**.	Wir haben jeder ein Bier getrunken.

qualche	ein paar
Qualche giorno va bene e qualche giorno va male.	An manchen Tagen geht es gut, an anderen schlecht.
qualsịasi	irgendeine(r, s); jede(r, s) beliebige
Quale pullover vuoi? – **Uno qualsiasi!**	Welchen Pullover willst du? – Irgendeinen.
chiunque	wer auch immer; jeder(mann)
qualunque	was auch immer
Qualunque cosa io dica mi critichi sempre.	Egal, was ich sage, ständig kritisierst du mich.

certo, a	gewisse(r, s)
Certi sono d'accordo, certi no.	Gewisse Leute sind einverstanden, andere wieder nicht.
tale	solche(r, s)
Mi ha detto **delle cose tali che** non sapevo più cosa rispondere.	Er hat mir solche Sachen an den Kopf geworfen, dass ich überhaupt nicht mehr wusste, was ich antworten sollte.
altro, a	andere(r, s); weitere(r, s)
Aiutatevi l'un altro!	Helft einander!
Gli uni sono d'accordo, **gli altri** no.	Die einen sind einverstanden, die anderen nicht.

23.3 Konjunktionen

affinché	damit
Ti aiuto **affinché questa faccenda sia chiarita.**	Ich helfe dir, damit diese Angelegenheit geklärt wird.
a meno che	es sei denn, dass; sofern nicht
a patto che	unter der Bedingung, dass
Ora ti aiuto, ma solo **a patto che tu dopo ti riposi.**	Ich helfe dir jetzt, aber nur unter der Bedingung, dass du dich danach ausruhst.

appena
Maria è corsa subito da me **appena mi ha vista.**

kaum; sobald
Kaum hatte sie mich erblickt, kam Maria sofort auf mich zugelaufen.

benché
Siamo usciti a passeggio **benché piovesse.**

obwohl
Obwohl es regnete, haben wir einen Spaziergang gemacht.

che
considerato che
dato che
Dato che sei qui, perché non resti a cena?

dass
angesichts der Tatsache, dass
da; weil
Da du schon mal hier bist, warum bleibst du nicht zum Abendessen?

dopo che
Dopo che ci siamo lasciati sono andata subito a letto.

nachdem
Nachdem wir uns verab-schiedet hatten, ging ich sofort zu Bett.

e, ed
finché
Finché c'è vita, c'è speranza. *loc*

und
bis; so lange als
Man darf im Leben die Hoffnung nicht aufgeben.

in modo che
Parlo piano **in modo che tu mi possa capire.**

so dass
Ich spreche langsam, so dass du mich verstehen kannst.

ma
Ma guarda là, non vedi quel cartello?

aber; jedoch; sondern
Sieh doch hin, siehst du denn nicht das Schild?

mentre
nonché
o
oppure
perché
però
poiché
prima che
Voglio essere a casa **prima che faccia notte.**

während
sowie
oder
oder aber
weil; warum
aber; sondern
da; weil
bevor
Ich will zu Hause sein, bevor es dunkel ist.

quando
se
senza che
Non potremmo andare noi, **senza che debba venire anche lui?**

wenn; wann; als
wenn; falls
ohne dass
Könnten wir nicht gehen, ohne dass auch er mit-kommt?

sia … che
Ne abbiamo parlato **sia** con lui **che** con lei.

sowohl … als auch
Wir haben sowohl mit ihm als auch mit ihr darüber gesprochen.

siccome

da; weil

23.4 Verneinungen

non	nicht
non... più	nicht mehr
Perché non vai più **a lezione?**	Warum gehst du nicht mehr zum Unterricht?
non... mai	niemals
non... mai più	nie mehr
Non voglio vederti mai più.	Ich will dich nie mehr sehen.
non... niente	nichts
non... più niente	nichts mehr
Non dire più niente, **basta così.**	Sag nichts mehr, es reicht.
non... mai niente	nie etwas
Ma tu non capisci proprio mai niente, vero?	Du verstehst aber auch nie etwas!
non... nulla	nichts
A me **non** hai detto ancora **nulla, come mai?**	Wieso hast du mir noch nichts erzählt?
non... né... né	weder... noch
Non conosco **né** lui né lei.	Ich kenne weder ihn noch sie.
non... neanche, non... nemmeno, non... neppure	auch nicht; nicht einmal
Non c'era neanche (nemmeno, neppure) suo padre.	Nicht einmal sein Vater war da.
non... nessuno, a	niemand; keine(r, s)
non... mica	nicht etwa; gar nicht
Non ho mica detto che è colpa tua!	Ich habe doch gar nicht gesagt, es sei deine Schuld!

23.5 Adverbien

addirittura	geradezu
ad un tratto	plötzlich
anche	auch
anzi	mehr noch; im Gegenteil; sogar
appena	kaum; gerade
appunto	genau; eben
Appunto, le cose non sono cambiate.	Eben, die Lage hat sich nicht geändert.
a proposito	a propos; übrigens
cioè	das heißt; nämlich
comunque	jedenfalls
Va bene, domani **proviamo di nuovo comunque.**	In Ordnung, morgen machen wir jedenfalls einen neuen Versuch!
così	so

davvero	wirklich
di nascosto	heimlich
di nuovo	erneut
di solito	üblicherweise
dunque	also
eppure	und dennoch
„**Eppur si muove**", ha detto Galileo, ed aveva ragione!	„Und sie bewegt sich doch", sagte Galilei zu Recht.

in genere	im Allgemeinen
in ogni caso	auf jeden Fall
invano	umsonst
invece	jedoch; hingegen
lo stesso	trotzdem
Vedrai che non capirà lo stesso.	Du wirst sehen, dass er es trotzdem nicht versteht.

meno male	zum Glück
perciò	deshalb
per forza	unbedingt; natürlich
persino	sogar
più	mehr
piuttosto	eher; vielmehr
proprio	tatsächlich; wirklich
pure	auch

quasi	fast; beinahe
quindi	also; dann

solo	nur; erst
soltanto	nur; erst
soprattutto	vor allem; besonders

tanto	sowieso
Non fa niente, **tanto non ho voglia** di venire.	Macht nichts, ich habe sowieso keine Lust zu kommen.
tuttavia	jedenfalls

23.6 Präpositionen

a	nach; in; an; zu (örtlich); um (Uhrzeit)
a causa di	wegen

con	mit; bei
con questo tempo	bei diesem Wetter
contro	gegen
Il bambino **ha battuto la testa contro il muro**.	Das Kind ist mit dem Kopf gegen die Mauer gestoßen.

da
Sono appena arrivata da Perugia e devo andare subito da Loredana.

von; bei; zu
Ich bin gerade aus Perugia angekommen und muss sofort zu Loredana gehen.

di
Di chi è questo libro?
– È di Luigi.

von; aus
Wem gehört dieses Buch?
– Es gehört Luigi.

durante

während

---

in
in fondo a
invece di

in; nach
ganz unten; ganz hinten
statt

---

malgrado
nonostante
oltre a
Chi c'era, **oltre alle solite persone**?

trotz
trotz
außer; jenseits
Wer war noch da außer den üblichen Leuten?

---

per
Giovanni **parte per Roma domani**. Deve **andarci** per un processo.

nach; wegen; für; quer durch
Giovanni reist morgen nach Rom ab. Er muss wegen eines Prozesses dorthin.

presso
Trascorro le ferie presso la famiglia Covi.

bei
Ich verbringe den Urlaub bei Familie Covi.

---

salvo
È aperto tutti i giorni, **salvo il lunedì**.

außer
Es ist jeden Tag geöffnet, außer Montag.

secondo
secondo me

gemäß; nach
meiner Ansicht nach

senza
senza dubbio

ohne
zweifellos

sino a, fino a
Resteremo in Italia **fino (sino) ad ottobre**.
Fin (sin) dove vuoi arrivare?

bis
Wir bleiben bis Oktober in Italien.
Wie weit willst du kommen?

su
Ho letto un bellissimo libro **sulla Calabria**.

auf; über
Ich habe ein wunderschönes Buch über Kalabrien gelesen.

---

tra, fra
Fra (Tra) due ore circa saremo a casa.
Tra (Fra) me e te c'è una differenza d'età di otto anni.

zwischen; in
In zwei Stunden etwa werden wir zu Hause sein.
Zwischen uns beiden besteht ein Altersunterschied von acht Jahren.

tramite
tranne

mittels; durch
außer

23.7 Pronominale Verbindungen

andarsene	weggehen
capirci	etwas davon verstehen
Io non ci capisco più niente.	Ich bin mit meinem Latein am Ende.
cavarsela	sich aus der Affäre ziehen; gut zurechtkommen
Me la cavo bene.	Ich komme gut zurecht.

darla a bere a qu	jdm einen Bären aufbinden
A chi vuoi darla a bere?	Wem willst du denn diesen Bären aufbinden?
darsi da fare	sich anstrengen; aktiv werden; sich etwas einfallen lassen
Datti un po' da fare!	Streng dich mal ein bisschen an!
darsi delle arie	sich etwas einbilden; Allüren haben
Perché Claudia si dà tutte quelle arie?	Wieso ist Claudia derart eingebildet?
entrarci	zu tun haben mit; eine Rolle spielen
Lei non c'entra niente!	Sie hat nichts damit zu tun.

farcela	es schaffen
Ce la facciamo.	Wir schaffen es.
farne	Sachen anstellen
Ne ha fatte di tutti i colori.	Er hat die unglaublichsten Sachen angestellt.
farsi vivo, a / farsi sentire	sich melden; von sich hören lassen

mettercela tutta	alles daransetzen
Nicola dice che ce l'ha messa tutta.	Nicola sagt, er habe alles darangesetzt.
mettercisi	sich darum kümmern; sich daranmachen
Ti ci metti anche tu adesso!	Jetzt kümmerst du dich auch noch darum!
mi sa che	mir kommt es so vor
Mi sa che oggi la Lazio vince.	Ich habe das Gefühl, dass Lazio heute gewinnt.
passarla liscia	mit heiler Haut davon-kommen
Puoi essere contento, l'hai passata liscia anche questa volta.	Du kannst dich freuen, du bist auch dieses Mal gut davon gekommen.
prendersela con	sich ärgern; beleidigt sein
Non prendertela.	Sei nicht eingeschnappt!

raccomandarsi	sich etwas ausbitten
saperla lunga	mit allen Wassern gewaschen sein; es faustdick hinter den Ohren haben

tenerci	Wert darauf legen
Se voi ci tenete tanto, allora vi accompagneremo.	Wenn ihr so großen Wert darauf legt, werden wir mit euch kommen.
sentirsela di	sich danach fühlen
Mi dispiace, ma **non me la sento di andare a ballare stasera.**	Tut mir Leid, aber ich habe keine Lust, heute Abend tanzen zu gehen.
smetterla di	aufhören
Smettila di fumare, per favore!	Hör bitte auf zu rauchen!

23.8 Sprachliche Terminologie

la **lingua**	Sprache
la **parola**	Wort
il **termine**	Begriff
significare qc	etw. bedeuten
il **significato**	Bedeutung

la **pronuncia**	Aussprache
pronunciare	betonen; aussprechen
l'**ortografia**	Rechtschreibung
la **sillaba**	Silbe
fare lo spelling	buchstabieren
la **maiuscola**	Großbuchstabe
la **minuscola**	Kleinbuchstabe
l'**accento**	Akzent

la **grammatica**	Grammatik
la **declinazione**	Deklination
declinare	deklinieren
il **sostantivo**	Substantiv, Hauptwort
l'**articolo**	Artikel
l'**articolo determinativo**	bestimmter Artikel
l'**articolo indeterminativo**	unbestimmter Artikel
l'**aggettivo**	Adjektiv, Eigenschaftswort
l'**avverbio**	Adverb, Umstandswort
il **pronome**	Pronomen, Fürwort
la **preposizione**	Präposition, Verhältniswort
la **congiunzione**	Konjunktion, Bindewort

maschile	maskulin, männlich
femminile	feminin, weiblich

il **singolare**	Singular, Einzahl
il **plurale**	Plural, Mehrzahl
il **genere**	Genus, Geschlecht
il **caso**	Kasus, Fall
il **soggetto**	Subjekt, Satzgegenstand
il **complemento**	Objekt, Ergänzung
il **predicato**	Prädikat, Satzaussage
il **verbo**	Verb, Tätigkeitswort
regolare	regelmäßig
irregolare	unregelmäßig
la **coniugazione**	Konjugation
coniugare	konjugieren; beugen
l'**attivo**	Aktiv
il **passivo**	Passiv
il **participio**	Partizip, Mittelwort
il **presente**	Präsens, Gegenwart
l'**imperfetto**	Imperfekt
il **futuro**	Futur
il **passato prossimo**	Perfekt
il **passato remoto**	historisches Perfekt
il **trapassato prossimo**	Plusquamperfekt
il **trapassato remoto**	Plusquamperfekt
l'**indicativo**	Indikativ
il **condizionale**	Konditional
il **congiuntivo**	Konjunktiv
l'**imperativo**	Imperativ
il **discorso diretto**	direkte Rede
il **discorso indiretto**	indirekte Rede
il **punto**	Punkt
la **virgola**	Komma
il **trattino**	Bindestrich
il **punto e virgola**	Strichpunkt
il **punto interrogativo**	Fragezeichen
il **punto esclamativo**	Ausrufezeichen
i **due punti** *pl*	Doppelpunkt
le **virgolette** *pl*	Anführungszeichen
la **parentesi**	Klammer

24. Verben

andare
gehen; laufen; fahren; funktionieren

Oggi **vado a piedi** in ufficio.
Heute gehe ich zu Fuß ins Büro.

E tu, **vai in macchina?**
Und du, fährst du mit dem Auto?

No, no, **va scritto oggi**!
Nein, nein, es muss heute noch geschrieben werden.

---

avere
haben; besitzen

Ne abbiamo fin sopra i capelli di voi.
Wir haben die Nase voll von euch.

Se ne hai ancora per tre ore, ti aspetto a casa.
Wenn du noch drei Stunden zu tun hast, warte ich zu Hause auf dich.

Marianna ha molto del padre, non trovi?
Marianna hat viel von ihrem Vater, findest du nicht?

Devono avere ancora un milione dal comune.
Sie haben noch eine Million von der Gemeinde gut.

---

capitare
hingeraten; vorkommen; passieren

Se capitate dalle mie parti, venite a trovarmi.
Wenn es euch in meine Gegend verschlägt, kommt mich besuchen!

---

continuare qc / a fare qc
(etw.) fortsetzen (etw. zu tun); fortfahren; fortdauern

Continui pure il suo lavoro, **non c'è fretta.**
Arbeiten Sie nur weiter, wir haben es nicht eilig.

Continua a ripetermi sempre la solita storia.
Er wiederholt mir ständig die gleiche Geschichte.

Prima girate a sinistra, poi continuate fino al prossimo semaforo.
Zuerst biegt ihr links ab, dann fahrt ihr weiter bis zur nächsten Ampel.

Il loro amore continua da anni.
Ihre Liebe währt schon seit Jahren.

---

dovere (qc a qu)
müssen; sollen; jdm etw. schulden; verdanken

Vorrei pagare, **quanto Le devo?**
Ich möchte bezahlen, wie viel schulde ich Ihnen?

Non si devono fare queste cose **senza prima pensarci bene.**
Diese Dinge sollte man nicht tun, ohne sie vorher gut zu überdenken.

---

essere
sein; sich befinden

Sarà quel che sarà.
Man wird schon sehen.

Sarai anche tu dei nostri domani?
Bist du morgen auch mit dabei?

Vorrei pagare, **quant'è?**
Ich möchte bitte zahlen, wie viel macht es?

---

fare
tun; machen; veranlassen

Non vogliamo **aver a che fare** con lui.
Wir wollen nichts mit ihm zu tun haben.

Sono disperati, **non sanno più cosa fare.**
Sie sind verzweifelt, sie wissen nicht mehr, wie es weitergehen soll.

Chi farà da testimone alle vostre nozze?
Wer sind eure Trauzeugen?

Voglio farmi fare un vestito nuovo.
Ich will mir ein neues Kleid machen lassen.

Fatemi vedere cosa avete comprato.
Zeigt mir, was ihr gekauft habt.

Dieci per tre fa trenta.
Zehn mal drei ist dreißig.

Quanti abitanti fa Roma?
Wie viele Einwohner hat Rom?

Dobbiamo **fare in modo di arrivare puntuali.**
Wir müssen dafür sorgen, dass wir pünktlich ankommen.

Vedo che anche **Isabella si è fatta furba.**
Wie ich sehe, ist auch Isabella schlau geworden.

Queste storie **mi fanno ridere.**
Diese Geschichten bringen mich zum Lachen.

È ora di farla finita.
Es ist Zeit, Schluss zu machen.

Ieri **hai fatto proprio schifo.**
Was du dir gestern geleistet hast, war miserabel.

---

finire ‹finisco›
(be)enden; aufhören

Hai già finito di fare i compiti?
Bist du schon fertig mit den Hausaufgaben?

Se continuate così, **finirete male.**
Wenn ihr so weitermacht, wird es ein böses Ende mit euch nehmen.

Scendi da lì, **finisci col cadere.**
Geh dort runter, sonst fällst du am Ende noch hin!

Abbiamo finito il pane, chi va a **comprarlo?**
Unser Brot ist alle; wer geht welches kaufen?

Dove è andata a finire la mia borsa?
Wo ist nur meine Tasche hingekommen?

---

guardare
ansehen; (hin)sehen; betrachten; behüten; Acht geben

Guarda che bello!
Oh wie schön!

Guardi tu i bambini mentre io sono fuori?
Passt du auf die Kinder auf, während ich draußen bin?

Quando è in servizio **non guarda in faccia nessuno.**
Wenn er im Dienst ist, versteht er keinen Spaß.

Guardate di imparare bene la lezione!	Seht zu, dass ihr eure Lektion gut lernt!

importare — wichtig sein; eine Rolle spielen
Non importa. — Es spielt keine Rolle.
A voi cosa importa? — Was kümmert es euch?
Ci penseranno loro. — Sie werden sich darum kümmern.

interessare — interessieren; betreffen; angehen; beteiligen
Scusa, a te cosa interessano queste cose? — Entschuldige mal, was gehen denn dich diese Dinge an?
Dobbiamo cercare di interessare anche gli altri. — Wir müssen versuchen, auch die anderen zu beteiligen.

lasciare — (zu)lassen; loslassen; zurücklassen; hinterlassen; verlassen; weglassen
Ada lo ha lasciato dopo tre anni che erano insieme. — Ada hat ihn verlassen, nachdem sie drei Jahre lang zusammen waren.
Lascia fare a me! — Überlass mir das!
Ho lasciato la casa ai miei figli e sono andata ad abitare in campagna. — Ich habe meinen Söhnen das Haus überlassen und bin aufs Land gezogen.

levare — wegnehmen; entfernen; einziehen; ausheben
Lei mi leva la parola di bocca. — Sie nehmen mir das Wort aus dem Mund.
Leva le mani dalle tasche! — Nimm die Hände aus den Taschen!
Levatevi di mezzo, per favore! — Verschwindet bitte von hier!

mettere — setzen; stellen; legen; anziehen; voraussetzen; annehmen
È ora che tu ti metta a lavorare. — Es ist Zeit, dass du dich an die Arbeit machst!
Mettiamo che alle cinque non **sia** ancora arrivato, cosa facciamo allora? — Nehmen wir einmal an, er ist um fünf noch nicht da; was machen wir dann?
Mettila come vuoi, la sostanza non cambia. — Du kannst es drehen und wenden, wie du willst, im Grunde ändert sich nichts.

porre — setzen; stellen; legen
Hanno posto le fondamenta del nuovo municipio. — Der Grundstein für das neue Rathaus ist gelegt worden.
Come poniamo il problema? — Wie sollen wir das Problem darstellen?

In questo momento **non pongono in atto nessun** progetto.	Zur Zeit wird kein Projekt verwirklicht.

potere — können; dürfen

Non **ne** potevano più e sono andati via.	Sie konnten nicht mehr und sind weggegangen.

rendere — zurückgeben; zurückerstatten; wiedergeben; machen; sich rentieren

Con il vostro regalo **lo avete reso molto felice.**	Mit eurem Geschenk habt ihr ihn sehr glücklich gemacht.
Non devi rendere conto di niente a nessuno.	Du bist niemandem Rechenschaft schuldig.
Non riesco a rendermi conto di questo problema.	Ich werde mir nicht klar über dieses Problem.
Rende bene il vostro lavoro?	Ist eure Arbeit einträglich?

sentire — fühlen; hören; empfinden; riechen; ahnen

Sentite freddo?	Ist euch kalt?
Fammi sentire quel profumo.	Lass mich an diesem Parfüm riechen.
Come ti senti?	Wie fühlst du dich?
Senta come è morbida la seta!	Fühlen Sie nur, wie weich die Seide ist!
Hai sentito se manca il sale?	Hast du probiert, ob Salz fehlt?
Sentiamo tutti un grande affetto per voi.	Wir empfinden alle große Zuneigung für euch.

stare — sein; sich befinden; stehen; wohnen

Ciao, **come stai?**	Hallo, wie geht es dir?
Il suo problema **sta nel fatto che** non trova lavoro.	Sein Problem besteht darin, dass er keine Arbeit findet.
Spiegatemi **come stanno le cose.**	Erklärt mir, wie die Dinge liegen.
Sta due a zero per la nostra squadra.	Es steht 2:0 für unsere Mannschaft.
Cosa stavi facendo quando ti ho telefonato?	Womit warst du gerade beschäftigt, als ich dich anrief?
Stavamo per uscire, ma abbiamo preferito **aspettarvi.**	Wir waren im Begriff wegzugehen, haben dann aber lieber auf euch gewartet.

tendere — (aus)spannen; reichen; tendieren; (an)streben

Tutti **tendono al** successo.	Alle streben den Erfolg an.

venire — (an)kommen; werden *(Passiv)*

Ieri ho mangiato troppe ciliegie e **mi è venuto mal di pancia**.
Gestern habe ich zu viele Kirschen gegessen und habe davon Bauchschmerzen bekommen.

volere — wollen; mögen; verlangen

Queste piante vogliono molta acqua.
Diese Pflanzen brauchen viel Wasser.

Sembra che voglia piovere.
Es sieht nach Regen aus.

Francesco, **ti vuole tua madre**.
Francesco, deine Mutter verlangt nach dir.

Vuoi vedere che quelli non vengono più!
Du wirst sehen, die kommen nicht mehr!

Secondo noi queste parole **non vogliono dire niente**.
Unserer Ansicht nach besagen diese Worte gar nichts.

E allora? **Che vuol dire?**
Na und? Was heißt das?

Ci vogliamo molto **bene**.
Wir haben uns sehr gern.

U

V